21세기 사모곡

이런 사랑

21세기 사모곡 이런 사랑

초판 1쇄 발행 2025년 10월 24일

지은이 마종필
펴낸이 장현수
펴낸곳 메이킹북스
출판등록 제 2019-000010호

디자인 홍규선
편집 홍규선
교정 안지은
마케팅 김소형

주소 서울특별시 구로구 경인로 661, 핀포인트타워 912-914호
전화 02-2135-5086
팩스 02-2135-5087
이메일 making_books@naver.com
홈페이지 www.makingbooks.co.kr

ISBN 979-11-6791-777-5(03810)
값 14,000원

이 책은 순천시 도서관 운영과 〈2025년 시민원고 출판비 지원사업〉의 일부 지원으로 제작하였습니다.

홈페이지 바로가기

메이킹북스는 저자님의 소중한 투고 원고를 기다립니다.
출간에 대한 관심이 있으신 분은 making_books@naver.com로 보내 주세요.

마종필 시집

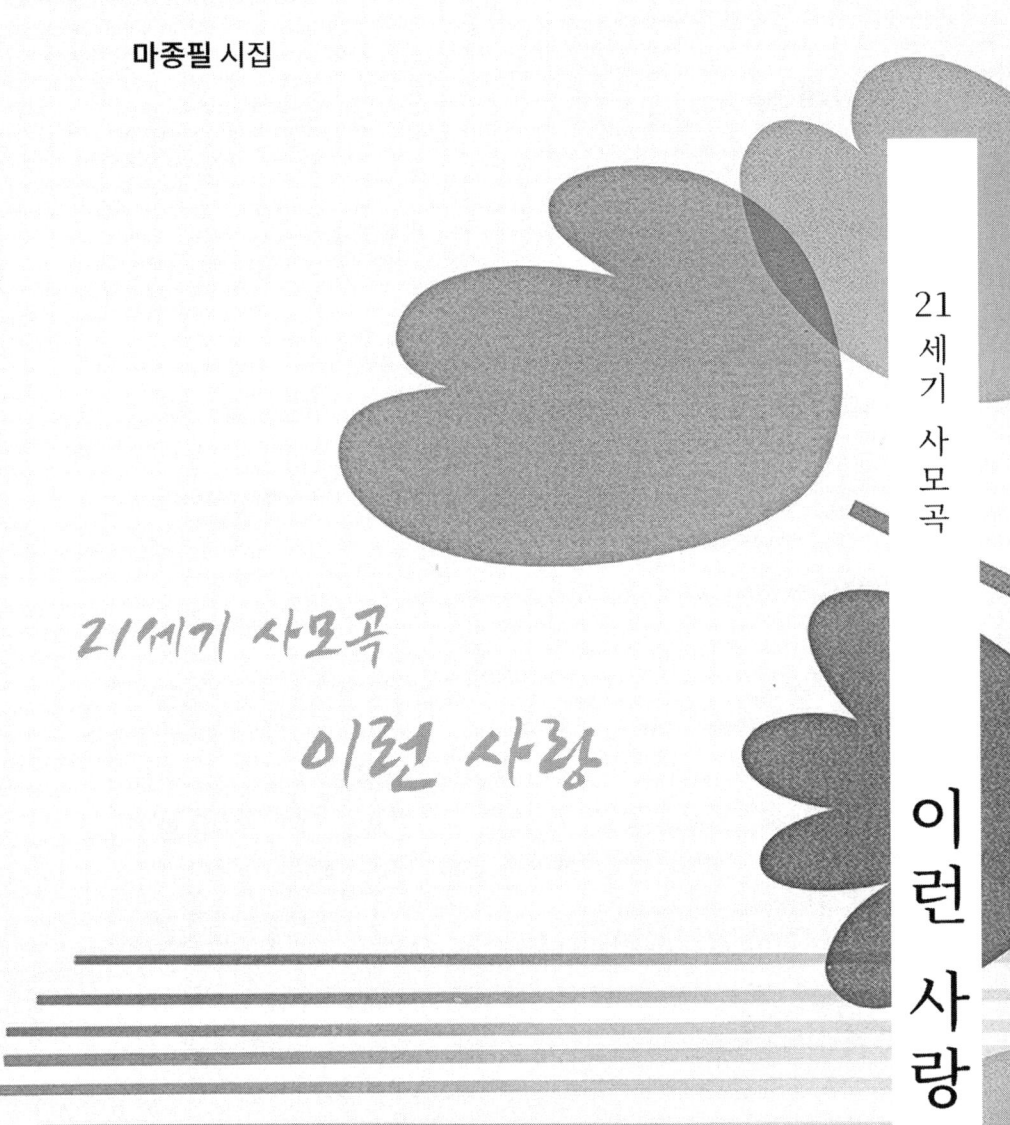

21세기 사모곡

이런 사랑

21세기 사모곡

이런 사랑

메이킹북스

작가의 말

이 시詩는 시가 아니다. 작가가 모친母親과 이별한 후, 아픔 극복을 위해 기울인 몸부림이자 눈물이요, 반성이다. 옛사람들은 부모 잃은 슬픔과 아픔을 '천붕天崩, 하늘이 무너졌다'라고 했다. 하늘이 무너지는 것은 사람으로서는 어찌할 수 없는 일이자, 그만큼 큰 슬픔이라는 의미일 것이다. 어머니를 잃고 나니, 옛 어른들의 말이 하나도 틀린 데가 없다는 것을 깨달았다.

서운하고, 허전하고, 안타까워 울어도, 울어도 눈물이 쉬 마르지 않았다. 이런 슬픔을 감출 길 없어 글로 옮겨 적었다. 순간순간 느낀 감정을 그대로 옮겨 적다 보니, 작품의 수준은 부끄럽기 이를 데 없다. 하지만 내용은 세상 모든 자녀의 이야기가 아닌가 하는 생각이 들었다. 그래서 여러 사람 앞에 고백하고, 이를 계기로 새로운 다짐을 하고 싶어 책으로 엮어내게 되었다.

이 시는 날마다 블로그에 한 편씩 올렸던 작품이다. 그랬더니, 많은 사람이 댓글로 느낌과 생각을 공유해 주었다. 그 댓글들 역시, 가볍지 않아 귀한 고백이자 효孝가 되었다. 그래서 보통 시집과 다르게 댓글도 함께 실었다. 작성자들의 입장을 고려해 ID를 조금씩 달리했다. 시집을 만드는데, 처음 적용한 양식이라 불편하게 볼 분들도 있을지 모르겠다.

나와 같이 부모와 이별하고, 힘들어하고, 안타깝게 여기는 세상 모든 자녀에게 위로와 평강과 치유가 함께하기를 기원하면서 작가의 말을 마무리한다.

2025년 10월 24일
남촌南村, 마종필

3부 엄마의 사랑

4부 아들의 반성

5부 아들의 깨달음

6부 아들의 회복

1부
엄마의 마지막 가는 길

엄마의 마지막 가는 길

병상에서
"숨쉬기가 어렵구나" 하니
호스를 물려 놔, 말을 할 수가 없네.

손에 줄렁줄렁 꽂아둔 링거 줄
움직이면 빠질까 봐
묶어 둬 움직일 수도 없네.

사타구니에 연결된
혈액 투석 관 빠진다며
두 다리조차 꽉 묶어 두었네.

서역西域으로 가는 길
물리고, 묶이고
끌려가는 길

움직이고 싶어도,
먹고 싶어도
말하고 싶어도, 가기 싫어도

떠밀리고, 끌려서
평생의 괴로움 혼자 안고
힘겹게 가네.

온갖 고달픔과 가난에 절어 살았거니
마지막 넘는 고개조차
어찌 이리 힘겨울까?

홀로 괴로움 가득 지고
힘겨운 짐 온몸에 칭칭 감고
혼자서, 혼자서, 처량하게 넘어가네.

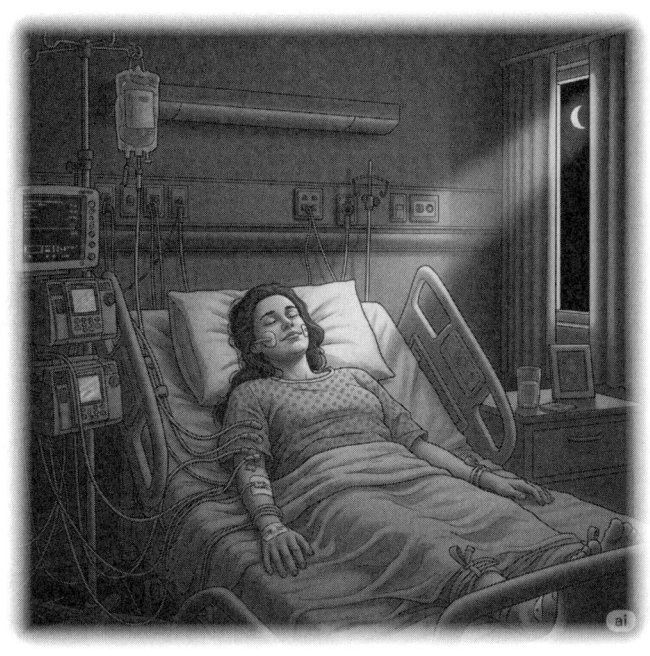

*k님:

　생사 교차의 순간,

　삶의 마지막 여정은

　참으로 넘기 힘든 고갯길

　가시는 걸음의 무게

　보는 이는 얼마나 가슴을 태웠을지

　그래서 저승 가는 길

　소풍 가듯 편히 떠남을 오복 중 하나에 넣었나 봅니다.

　시간이 흐르고, 흘러도

　더 하지 못한, 다하지 못한 효는

　못내 송구함만 키웁니다.

*kJ님:

　이 시를 보니, 당장 제 모습이 떠오릅니다. 제 어머니는 교통사고로 돌아가셨는데, 사고로 목숨이 위태로운 순간에도 못난 아들을 걱정했다는 소식을 접했을 때, 하염없이 눈물이 쏟아졌습니다.

　사고 나기 전주(前週), 고향을 찾았을 때 일입니다. 교회에 모셔다드리는 길에 차 속에서 "이 차(車)가 효자다"라고 말씀하시고, 가던 차를 멈춰 세우고, 시장에 들러 어린 손주들의 신발을 사 오셨습니다. 그것이 내가 본 어머니의 마지막 생전 모습이었습니다.

　엄마는 어떤 위기 앞에서도 자식을 먼저 생각하는 분. 그래서 잊을 수 없는 분입니다. 시금은 띠닌 지 27성상이 지났는데도, 여전히 마음속에 자리하고 계신 분이 '엄마'라는 두 글자입니다. 제 눈에 흙이 들어갈 때까지 아마도 그리워할 듯합니다.

앞으로 시간이 흐를수록 더욱 그리움이 짙어질 그분이 '엄마'입니다. 내 머리에 반백의 서리가 내려도 잊을 수 없는 분입니다.

추억하고 되새길수록 더욱더 그리워질 것입니다. 그래도 우리는 그분 앞에 떳떳한 자식으로 남기 위해 더욱 열심히 살아야 할 듯싶습니다. 몸 상하지 않도록 잘 추스르기를 바랍니다. 엄마는 하늘나라에 가서도 님의 행복을 기원하고 계실 겁니다.

*ch님:

이생의 무거운 짐 훨훨 털어버리고 저승에서 영원한 행복을 누리시길 빕니다.

*kk님:

마지막 모습을 이렇게 글로 접하니, 어머니와 이별이 더 절절하고, 안쓰러워 가슴이 먹먹해지는 것을 느낍니다.

*spring님:

인생의 마지막 길은 무거웠던 삶의 무게를 내려놓는 고통이 아닌가 싶습니다. 인생길에 이런 시를 보니, 가슴이 아려옵니다. 이제는 아픔과 고통이 없는 천국에서 안식하고 계시겠지요.

*mimo님:

병실에서 마지막 가시는 길에 자식들이 곁에서 임종을 지켜드리고, 축복 속에 하늘나라로 가는 준비하는 어머님은 복이 많은 분이십니다.

우문현답愚問賢答

중환자실에서
엄마 의식이 겨우 돌아왔다며
보호자를 찾았다.

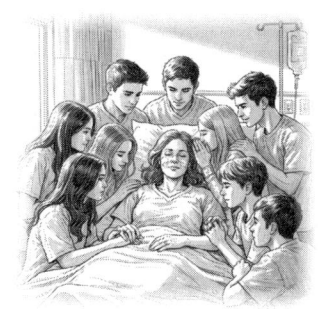

오십 대 철없는 막냇동생이
이제 막 깨어난 엄마에게
"엄마! 누가 제일 보고 싶어?"

엄마 의식을 확인하고 싶었던 걸까?
"네가 제일 보고 싶었구나"라는 말을 듣고 싶었던 걸까?
누구를 제일 마음에 두고 있었는지 확인하고 싶었던 걸까?
보고 싶다는 자녀를 얼른 보여드리고 싶어서 그런 걸까?

엄마는 잠시 망설임도 없이
힘이 다 빠져 들릴 듯, 말 듯 한 소리로
"누구긴 누구?
우리 여덟 새끼지"

* 도니님:

　어머니의 사랑이 정말 깊네요. 가족을 향한 마음이 아프면서도 따뜻하게
느껴집니다.

* mi님 :

　이 시를 보고 있자니, 살아 생전 우리 엄마도 6남매 모두 다 좋아한다고
말씀하셨던 기억이 떠올라 가슴이 뭉클해집니다.

* sp1님:

　깨물어 안 아픈 손가락이 없겠지요.

나의 느낌이나 고백

엄마의 눈물

병실에서 마지막을 보내며
겨우 몇 조각 남은 의식을 가지고

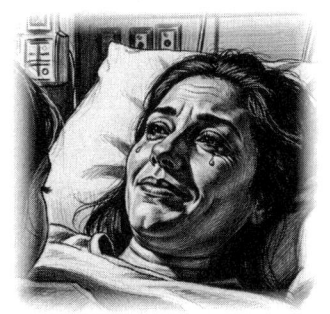

말은 못 해도
아들 왔다 하니 눈물을 흘린다.

아파서 흘린 눈물이 아니다
더 사랑하지 못해 미안하구나.

넷째가 왔다고 하니
또 눈물만 흘린다.

괴로워서 흘린 눈물이 아니다
더 보탬이 못 돼 미안하구나.

다섯째가 왔다고 하니까
없을 것 같았던 눈물이 또 나온다.

이별이 서운해서가 아니라
더 보살피지 못해 미안하다는….

엄마는 하고 싶은 말과 마음을 눈물에 담았는데
그 소리가, 그 마음이, 잘 읽히지 않는다.

나 이제 가는구나, 편히들 잘 살아라
보지 못하게 되어 서운하구나.

그동안 나 보살피느라 고생했구나
모든 짐 내려놓고, 행복하게 지내렴

눈물에 담아낸 엄마의 말에
나도 눈물을, 콧물을 흘린다.

어색하고 추한 모습일 텐데
닦지 않고 그냥 그대로 두었다.

* 골든님:

  마음 깊이 전해지는 감동적인 글이네요! 엄마의 사랑이 눈물처럼 쏟아지는 것 같아요. 멋진 글입니다!

* hy님:

  엄마의 눈물이 바로 엄마의 진한 사랑입니다.

* zt님:

  외면할 수 없는 슬픔이 우리의 인생인 듯합니다. 그러나 내일은 또 다른 태양이 뜬다는 걸 잊지 말고 힘내세요~~

* k님:

  엄마의 눈물이 이젠 환한 미소가 되었을 것입니다^^

* mim님:

  "나 이제 가는구나."라는 어머님의 마지막 사랑의 말씀이

  여운으로 남아 가슴이 찡합니다.

* spr님:

  어머니는 하늘에서도 자식들을 위해 기도하고 계실 것 같아요.

나의 느낌이나 고백

섰다, 섰다

"섰다, 섰다" 하며 손을 놓았던 때처럼
이제 혼자, 혼자 살 수 있다며
엄마는 혼자 훌쩍 가시네.

평생 돈 걱정하며
빈 병과 폐지 주우며 아끼고 아끼다,
마음 편히 쓰지도, 쉬지도 못하고,

자녀들 걱정에
평생 당신 삶마저 버리며 살다가
말 한마디 못 하고 떠나가시네.

혼자 살 만큼 이렇게 키워놨다고
내 손 놓고 가시는데
나는 아직 가슴 시려 엄마 손을 못 놓겠네.

*zt님:
　부모의 사랑을 자식이 어찌 다 헤아릴 수 있을까요. 가슴이 저며오네요~~.

*mimo님:
　부모님 살아생전 고생하신 것을 생각하면 눈물이 납니다.

*wj님:
　부모님의 자식 사랑, 나도 자연스럽게 따르게 됩니다.

나의 느낌이나 고백

────────────────────────────────────

────────────────────────────────────

────────────────────────────────────

어떤 무게

화장터에서 받아 든 엄마가
차갑고, 무겁게 느껴졌습니다.
한 손으로 들어도 쉽게 들 만한
작은 아령 같은 무게였지만
품에 안고 옮기는 발걸음을
한없이 버겁게 했습니다.

단숨에 변화된 한 줌의 흙이라
흩날리는 눈처럼 가벼울 줄 알았는데
장성한 사내의 팔이라 이것쯤이야 생각했는데
한 아름도 안 된 작은 그릇이
내게는 한 짐이었습니다.
그것은 유골의 무게나 질항아리의 질량이 아니었습니다.

머리에 얹었던
생선 광주리 무게가 담겨서 그런 걸까?
병마에 지치고, 상한 마음을
거두지 못한 한恨 때문일까?
그런 건 아닐 것이다, 그것은 아닐 것이다.
잘해드리지 못한 뉘우침이
이렇게 부족함이 많은 상태로
보내드리고 싶지 않은 안타까움이
내 가슴속 저울 눈금을 한없이 올려놓고 있어서일 것이리라.

* 푸른님:
　무엇으로도 잴 수 없는 무게, 그 그리움의 무게를 평생 마음으로 지고 다니는 내게 생명을 주신 어머니, 보고 싶습니다.

* kj341님:
　사무치게 그리울 때, 가슴을 두드려 보고, 소리쳐 부르다가 눈물로 달래봐도 그리움이 사라지지 않을 때만큼, 더 힘들 때가 있을까요?

* hy001님:
　그리움의 무게는 잴 수 없습니다.
　그리움의 무게는 만져볼 수도 없습니다.
　어머니! 보고 싶습니다.

* ch075님:
　어머니를 여읜 허전함을 어떻게 달랠 수 있겠습니까? 언어의 한계도 절감하게 됩니다. 그나저나 창작의 열정에도 경외심을 표합니다.

* 올리브님:
　깊은 슬픔과 애절한 감정이 가슴에 와닿습니다. 어머니의 작은 유골이지만, 그 안에 담긴 무게는 말로 다 표현할 수 없을 만큼 크다는 것을 잘 느낄 수 있었습니다. 애도를 표하며, 삼가 고인의 명복을 빕니다.

*mimo님:

　　애절한 어머님 사랑에 가슴이 저미어옵니다.

　　애도를 표하며 삼가 고인의 명복을 빕니다.

나의 느낌이나 고백

엄마를 보내고

이제, 정말
이제, 진짜
혼자 살아야 하나 보다

가까이 있으면서도 멀리 두고
멀리 있으면서도
언제나 내 곁에 있던 엄마

건강해야 한다, 화목하게 살고,
바쁜데 뭐 하러 왔니? 어서 가라
걱정만 하시던 엄마가
오늘 한 줌 흙으로 변했다.

이 나이면 혼자서도
충분히 잘 살 것 같은데
걱정해 줄 사람 없어도
흔들리지 않을 것 같은데
허전함이 엄습해 와 기운을 차릴 수 없네.

오늘까지 보살펴주고,
여기까지 키워주시느라
고생을, 아픔을, 속으로 품고 사셨는데,
훌쩍 가시고 나니 속절없는 눈물만 흐르네.

때가 되면 떠나야 하는 일이
당연하다는 것을 알고
먼저 떠나는 사람들을 수없이 봐 와서
분명 그러려니 했는데…….

이제, 엄마가 가시고 나니,
왜 이렇게 크게 느껴질까?
왜 이리 허전하고 서러울까?
눈물을 흘리고 흘려도 다 표현할 길 없네.

＊by2000님:

군대에서 불렀던 노래, "엄마가 보고플 때, 엄마 사진 꺼내놓고..."가 생각나네요. 효도하였으니 복 받을 겁니다.~^^

＊ch님:

엄마는 아픔을, 고생을, 속으로만 품고 사는 위대하신 분.

＊wjsd님:

이제는 부모의 뒤를 밟아야 하는 우리들의 모습일 수도….

＊mi105님:

어머님께 사랑받았던 추억들만 떠올리며 최선을 다해 살아간다면 천국에 계신 어머님도 기뻐하실 것입니다.

나의 느낌이나 고백

과분한 안주

어머니를 보내드리고 돌아오는 길이
너무 혼란스럽고 무거워
술과는 거리가 먼 사람이 소주 두 병을 샀습니다.

오늘은 전쟁터 포화 속 보초병처럼
견디기 힘든 무거움이 잠을 내몰아
나를 잃는 지경으로 만들기 때문입니다.

이성이 날카롭고 분명하다고 하지만
감성을 이기기에는 한낱 깃털에도 못 미칩니다.
평생 맺은 인연을 머리로 정리하려는 어설픔은
너무도 크고, 벅찬 일입니다.

서운함, 부족함, 죄스러움,
반성하고 반성해도
모자람이 전부인 삶을
화장터 불에 엄마와 함께
태워 버리고 싶었습니다.

바람과는 달리 엄마만 사라지고
부끄러움은 점점 더 불어나 커져
칠흑같이 까만 하늘에 가득했습니다.

오늘 밤은
안주가 없어도
눈물만으로도 과분할 것 같습니다.

＊mo105님:

저는 엄마가 세상을 떠나신 지 40년이 지났습니다. 지금도 보고 싶고 가끔 그립습니다. 얼마나 그리워했는지, 꿈에 나타날 때도 있습니다.

＊성화님:

부모 앓이가 시작되었군요. 힘내세요.

＊zt012님:

잠시이지만 술이 도움이 될 때도 있습니다. 힘내세요~~

＊k341님:

소주 두 병까지는 지나친 것은 아닌지요? 술은 도움이 아니 됩니다.

나의 느낌이나 고백

2부
엄마의 삶

뭐가 춥다고?

엄마는 빈 병, 폐지, 쇳덩어리를
보이는 대로 주워 오셨다.
"힘들게, 뭐 하러 이런 일 해요?"

"이런 노력으로
너희들 키운 거야.
그 세월이 이런 걸 가르쳐 줬어"

여름날 무더위로 세상이 지쳐 있을 때
엄마 집에 가면 다 벗어젖히고
속옷만 걸치고 계신다

"에어컨 켜지 그래요?"
"옷만 벗으면 되는데, 뭐가 덥다고?
하나도 안 덥구나"

발이 얼도록 추운 겨울날
추위가 장난이 아니라며
떨면서 엄마 집에 가면

두꺼운 외투 겹겹이 걸쳐 입고
추위와는 거리가 먼 사람처럼
태연하게 앉아 계신다.

"불 좀 피워요, 이렇게 추운데"
"너희들이 버는 피 같은 돈
내가 어떻게 함부로 태운다니?
난 하나도 안 춥구나, 뭐가 춥다고 그래?"

"그 세월이 이렇게 가르쳤구나."
"하나도 안 덥구나."
"뭐가 춥다고 그래?"
모두 자녀들 위하고, 염려하기 때문이란 걸

이제는 그 고마운 사랑,
가슴으로 느끼고
눈물만 흘립니다.

*1234님:

　소소한 이야기들에 눈물이 납니다. 작가님과 같은 마음으로
　위로합니다.

*jk님:

　평생 자식을 위한 헌신으로 살아가신 부모님 세대. 때로는 안타까움을,
때로는 고마움을, 때로는 미안함을 담아내는 것은 자신의 몸 돌보지 않고
오직 자식을 위해서 살다가 떠나셨기에 마음 한곳에 항상 자리 잡고 있기
때문이겠지요.

　'우리 세대도 그렇게 할 수 있을까?' 하는 반성을 해보지만 따라 할 수도 없는
높은 산이기에 그리움만 쌓여가는 듯합니다. 힘내시고 더 열심히 살아 봅시다.

*a617님:

　어찌 이리 콕콕 찍어 올리시는지요. 글 하나하나에 공감됩니다. 15년 전에
고인이 되신 저의 어머니를 자주 상기시켜 주셔서 감사합니다~.

　그동안 후회와 자책과 아픔을 안고 살아왔는데, 글을 보니, 왠지 위로가
됩니다~.

*hyw님:

　어머니의 마음은 저희 어머니나 작가님 어머니나 같은 생각을 하신
모양입니다. "너희들이 버는 피 같은 돈, 내가 어떻게 함부로 쓴다니?"라고
하시는 말씀이 40년이 지난 지금도 엊그제 한 것 같습니다.

*mi님:

　자애로우신 어머님은 인생을 근검절약으로 훌륭하게 사셨습니다.

나의 느낌이나 고백

엄마의 삶

엄마는 평생
새벽 기도회에 나가셨다.

거동이 불편해 힘들 때도
가급적 나가셨다.

"그만 나가세요
그러다 다치면 큰일입니다."

"갈 수 있을 때까지는
가야지."

"집에서 하지 그러셔요?" 하면
"집에서 하면 될 걸, 학교는 왜 갔니?" 하신다.

"길이 어둡고, 추우니
이제 기도 좀 줄여도 돼요."

"새끼들이 많아 기도 시간이 부족하구나.
나를 위한 것이면 그만두겠구나."

엄마를 위해서 만류했지만
엄마는 자녀를 위해 가야 한단다.

엄마의 삶은 그렇게
자기를 위한 것은 하나도 없었다.

| 독자들의 이야기 ——————————————————

*hyw님:

  엄마의 말씀은 오로지 자식을 위한 것. 지금 생각하면 엄마의 삶은 없었던 것 같습니다. 그래서 더욱 생각나고 그립습니다.

*kjk님:

  부모 세대의 자녀를 위한 헌신은 몸에서 우러나는 참되고 값진 헌신입니다. 위로는 부모를 봉양하는 데 최선을 다하셨고, 아래로는 자기 자녀들을 위해 남은 힘을 다하셨으니, "정작 자신을 위한 시간이 있었냐?"라고 본인에게 물으면 아마도 부모님은 위로 봉양과 자녀 양육이, 곧 나의 일이었노라고 말씀하셨을 것입니다. 그렇게 부모 세대는 위로, 아래로 헌신하는 것으로 자기 삶을 사셨던 것 같습니다.

  그런데 우리 세대는 좀 다른 듯합니다. 흉내는 내는 듯하지만, 부모 세대의 숭고한 삶을 따를 수 없을 듯합니다. 우리 세대가 부모의 삶을 배워 후손들에게 가르쳐야 하는데, 혹 그러지 못하는 것은 아닌지 되돌아볼 때인 듯싶습니다.

  오늘은 독자들에게 부모 세대의 무한한 헌신을 잊어서는 안 된다는 가르침을 주시는군요. 감사히 잘 읽고 갑니다. 고맙습니다.

*ikdh3865님:

  계속 연재되는 시들을 읽어가다 보니, 시인의 어머님이 어떤 삶을 살아오셨는지 눈앞에 생생하게 그려집니다. 한 편의 자서전을 읽는 느낌입니다.

아버지 추도식

"느그 아버지 추도식이 언제냐?"
아들이 잊을까 봐 점검하신다.
"태어난 날을 음력으로 했으니까
죽은 날도 음력으로 해야 한다."

엄마 말대로 하다 보니,
해마다 날짜가 오락가락해
게으르고 부족한 생각 탓에
엄마 기억에만 의존한다.

"느그 아빠 유산을 잊었느냐?
남겨준 재산이 없다고 정신까지 없을쏘냐?
사람은 그것으로 살고,
추도식도 그래서 하는 거여."

몸이 불편해도, 정신줄이 약해도
잊을까 봐 서둘러 챙기셔서
추도식이 잦다고 생각한 적이 있는데
이제는 그 잔소리가 벌써 그리워진다.

어릴 적에는 울어도
손수건 달아주던 엄마가 있어 걱정 없었는데
이제는 손수건 건네줄 사람 없어
한밤에 일어나 닦지도 못하고 흘리기만 하네

* gainkong님:

　시인과 같은 마음이 되어 그리움에 사무칩니다.

* BESETO님:

　시를 보다 보니, 가슴이 얼얼해지네요.

* a617143님:

　새삼 고아라는 말이 동병상련으로 느껴져 울컥합니다~

* mimo105님:

　그리움에 사무쳐, 마음이 서글퍼집니다.

* kjk00222님:

　글을 읽다가 지난여름 아내가 차린 밥상이 떠올랐습니다. 감사하게도 아내는 잊혀 가던 어머니의 그리운 맛을 흉내 내서 상을 차렸습니다. 쌀 씻은 뜨물에 된장을 풀고, 들깨를 갈아 즙을 내어 넣고, 호박잎을 잘게 잘라 넣은 다음, 갖은 양념을 첨가해 뚝배기에 넣어 국을 끓여냈습니다. 아내는 고맙게도 내가 제일 좋아하는 여름철 별미 호박잎 된장국을 선물해 주었습니다. 여름이면 가끔 끓여 주시던 어머니의 잊혀 가던 그리운 그 맛을 아내는 내게 선물하고 싶었던 모양입니다. 문득 그 고마운 마음이 또렷합니다.

　아무리 소문난 명장이 만든 맛깔스럽고 감미로운 음식도 지금은 맛볼 수 없는 어릴 적 어머니께서 내어 주셨던 소박한 밥상에 놓였던 그 맛, 느낌으로만 남아 있는, 그리운 그 맛보다 좋을 수 없기에 아내가 차려낸 소박한 밥상은 어머니를 그리워할 수 있게 한 큰 선물이라 제게 감동을 주었습니다.

아내의 손맛을 통해 다시 찾아낸 그리운 어머니의 손맛. 시간이 흐를수록 더 또렷해집니다. 작가님의 글을 통해 그리고 어머니의 그리운 손맛을 되새김질하게 됩니다. 과거 내 어머니로부터 받았던 사랑이 한층 선명하게 떠오릅니다. 고맙습니다 ^^

*phn님:
  시를 보면서 꽃이 지고 나서야 봄이 왔었음을 아는 어리석은 인생이 되지 않기를 바래봅니다.

나의 느낌이나 고백

엄마의 기도

내 평생의 삶이
자녀들 생활에 부담되지 않도록
도와주소서.

내가 세상을 떠날 때도
우리 아이들에게
부담이 되지 않도록 도와주소서.

내 마지막 가는 길이
추해지지 않고
하나님 부르심에 곱게 응답하게 하소서.

엄마를 위하는 여덟 자녀의 노력이
세상 살아가는 동안
삶 속에서 보석으로 빛나게 하소서.

내가 가고 없는 날 동안
우리 아이들이
행복하고 즐겁게 살 수 있도록 도와주소서.

할 수 있거든
우리 자녀들이 내 삶을 보고
나도 엄마처럼 살고 싶다는 말을
할 수 있는 삶이 되도록 도와주소서.

엄마 기도의 주제는
마지막 순간까지
오직 한 가지
'자식 사랑' 그것뿐이었다.

철학자

엄마는
"돈은 버는 것보다
아껴야 모을 수 있단다."

이런 말을 들을 땐
가진 것 없는 사람들의
자기변명이라 생각했습니다.

"자녀들에게 가르칠 때는
백 마디 말보다는
삶으로 보여줘야 한단다" 하면

엄마처럼 배움이 없는 사람들의
자기 위로쯤으로
생각했습니다

"아버지 유산처럼
믿음으로 살고
겸손하게 살아야 한단다."

나이 든 사람의
꼰대 같은 소리라
여겼습니다.

"부지런함은
환경이나 재능을 이기는
가장 좋은 삶의 덕목이란다."

배우지 못한 사람의
어설픈 말이라고
깃털보다 가볍게 여겼습니다.

인제 보니 엄마는
여느 유명한 철학자보다
훌륭한 철학자였습니다.

난 그 귀중한 분을
2025년 2월 2일(일) 18시 18분
영원히 잃었습니다.

* 143님:

　작가님이 올려주신 글마다 제 마음을 꿰뚫는 듯 대신 말씀 주시니 왠지 매를 대신 맞아 주신 듯한 느낌이 듭니다. 마음 한편에 묵은 때가 씻겨진 듯합니다~.

　감사합니다~♡♡

* gainkong1234님:

　현재를 이렇게 살아가고 있는 제 자신을 반성합니다.

* mimo님:

　훌륭하신 부모님의 유산을 물려받으셨습니다. 많이 배우고 있습니다. 감사합니다.

　살아생전 저의 할아버님께서 손주들한테

　1. 아는 것이 힘이다.

　2. 돈이 힘이다.

　3. 배워야 산다.

　4. 남에게 피해 끼치지 말고, 부지런히 살아라.

　라고 하신 말씀들이 떠올랐습니다. 감사합니다.

나의 느낌이나 고백

　..

　..

　..

되치기

너희 집에 시집와서 딸, 둘을 낳고
아들 못 낳는다는 말에
셋째는 아들이라 기뻐할 줄 알았다.

늦은 호의好意는 빛을 잃어
"남들 다 낳는 아들 이제?"라는 말은
한恨을 눈처럼 쌓이게 했다.

보란 듯이 자랑하고 싶어
몸이 부어 괴로워도 낳다 보니
딸만 더 늘어 여덟이나 되었구나.

남편 공부 위해 나선 생선 장사
광주리에 가득 담아 머리에 이고
오 리, 십 리 머나먼 길 걸어 다녀도

생선은 줄지 않고
관절염과 고달픔만 늘어
평생 괴로움이 될 줄이야

남편 뒷바라지가 낙이 되려나 했는데
덕을 보기 전에 혼자 되어
홀로 견딘 외로움 사십여 년

외로움이 이엉이고, 용마름이었다면
온 군郡의 집을 다 덮었을 것을
쌓인 한恨은 세월에도 녹아나지 않았다.

"그래도 네가 있어 힘이 되었구나."
"너희들이 있어 외롭지 않았구나."
"사는 날 동안 행복했어."

"더 좋은 말이 생각나지 않는구나,
고맙고, 고맙구나"라는 말로
엄마는 평생 쌓인 한恨을 되치기하셨다.

| 독자들의 이야기

* kong1234님:

　눈물 납니다.

* mimo님:

　"자식들이 있어서 사는 날 동안 행복했다"라고 하신
어머님의 모성애에 눈가에 이슬이 맺힙니다.

* ikdh3865님:

　섬진강 시인 김용택은 섬진강과 더불어 어머니가 자기 시의 원천이라고
말하고 있습니다. 특히 어머니가 평소에 들려준 이야기를 옮겼더니 그대로
시가 되었다고 합니다.

　마 시인의 시들은 그런 점에서 김용택 시인을 생각나게 합니다. 이 세상 모든
어머니는 위대한 시인입니다.

* kkk님:

　엄마의 삶과 말씀이 시 속에서 하나하나 사모로 이어지는 것을 보게 됩니다.
끝없는 사랑과 그리움입니다.

나의 느낌이나 고백

엄마 집을 정리하면서

육십이 넘도록 엄마 밑에서 자랐지만
엄마 품이 아직도 따뜻하고 포근해
잊지 못하고, 엄마 주변을 맴돕니다.

처음 유치원 가는 날
엄마 품에서 떨어지기 싫다며
세상 찢어질 듯 울어 젖히는 아기처럼

엄마 손을 놓지 못하고,
집을 잃은 노숙인처럼
어벙하고 꺼벙한 자세로 방을 정리합니다.

휴지며, 세제며, 치약, 양말……
이것들 언제 쓰고, 입고, 신으려고
이렇게 고이고이 모아 뒀을까?

엄마 체취가 묻은
작은 구슬 하나에도
가슴이 아리고, 그리움이 됩니다.

엄마 손길이 담긴
이것들을
언제, 어떻게 버리고 치울까나?

엄마가 가시고 나니,
이 작은 유품들조차
떨림이 되고, 흐느낌이 됩니다.

* 골든님:

　작가님의 글 잘 읽었습니다. 어머니의 흔적을 정리하시는 마음, 충분히 이해됩니다. 또한 60년 넘게 어머니 곁에서 자라셨다니, 그 따뜻함이 얼마나 컸을지 짐작이 갑니다. 어머니의 손길이 닿은 모든 것들이 소중한 추억이자, 가슴 아픈 그리움으로 남으셨을 텐데요. 정리하시는 과정이 힘들고 슬프시겠지만, 어머니가 남겨주신 따뜻한 기억들을 마음속에 잘 간직하시면서 천천히, 편안한 마음으로 하나씩 정리해나가시길 바랍니다. 힘내세요.

* kjk님:

　어머니 유품을 정리하셨군요. 부모님이 쓰시던 유품을 정리하는 것은 참으로 어렵고 힘든 일입니다. 저도 유품을 정리하면서 한없이 흘러내리는 눈물과 흐느낌을 경험했습니다. 그래서 그 심정을 충분히 이해할 수 있습니다.

　이별한 지 벌써 26년이라는 세월이 지났지만, 아직도 그분이 남기신 흔적을 지우지 못하고 있습니다. 부엌에는 가위가, 이불장 속에는 두툼하게 놓은 솜이불이, 아내의 옷장 속에는 목도리가, 서재에는 그분의 영정이 항상 저를 지켜주고 계신답니다.

　세월이 흘러도 부모의 흔적을 지우지 못하는 것은 아마도 그분이 남긴 자식을 향한 한없는 사랑과 다 하지 못한 자식의 도리를 못내 아쉬워하기 때문이 아닌가 싶습니다.

* a617님:

　유품 정리하시느라 힘드셨겠네요~. 부모님이란 잘해도 잘못해도 남는 건 후회뿐이더군요~. 못다 한 효도는 세월이 흐를수록 더욱 선명해져 누구나 겪어야 할 숙명인 듯합니다~ㅠ

* otabuslasla님:

엄마가 쓰시던 모든 물건은 다 눈물이고, 추억이고, 아픔인 거 같습니다. 저도 엄마 집을 정리하면서 '이런 것을 왜 이렇게 모아 놓으셨을까?' 싶은 게 많았습니다. 하지만~ 그것이 다 엄마의 마음이었다는 것을 알았습니다. 자식들 오면 하나라도 더 챙겨 주려고~ 하셨던 고맙고 고운 마음~.

그래도 하나 팁을 드리면~, 하나하나 꼼꼼하게 장판 밑까지 살펴볼 필요도 있습니다. 저희 엄마는 온갖 곳에 자식들이 주신 반지들도 넣어 놓으시고~, 돈도 넣어 놓으시고~, 그러셨어요 ^^.

* mo105님:

엄마 손길이 담긴 유품들과 자식들 잘되라고 하신 말씀들을 가슴속에 고이고이 간직하고 살면 좋을 것 같습니다.

* lee200023님:

군대에서 "엄마가 보고 플 때 엄마 사진 꺼내놓고 엄마 얼굴 보고 나면 눈물이 납니다." 많이 불렀던 노래인데~, 문득 이 노래가 크게 들리는 듯합니다 ~^^.

지금 이 시각에도 어린 시절부터 지켜본 어머니가 작가님을 생각하며 하늘에서 보고 계실 거네요. "어머니, 어머니, 내 어머니~, 보고도 싶고요~, 울고도 싶고요~, 그리운 내 어머니....."

나의 느낌이나 고백

3부
엄마의 사랑

엄마의 새벽 기도

"엄마, 남의 힘을 빌려야 하니,
새벽 기도회에 인제 그만 나가세요.
무슨 기도를 하느라 그러셔요?"

허름한 성경책 속을 뒤적여
구겨진 종이에 적어둔
어설픈 글을 보여준다.

물가에 심은 나무가
시절을 좇아 과실을 맺으며
그 잎사귀가 마르지 아니함같이
우리 아이들의 삶도 푸르고 싱싱한 열매로
가득하게 도와주세요.

마음을 강하게 하고, 담대히 하라
두려워 말며 놀라지 말라
네가 어디로 가든지 네 하나님 여호와가
너와 함께하느니라
여호수아에게 들려주셨던 말씀처럼
하나님의 보호하심을 믿고
세상을 강하고 담대하게 살아가게 해 주소서.

우리 아이들은 나처럼
가난으로 어려움 겪지 않게 하시고

빌려줄지언정 꾸러 다니지 않게 하시고,
부족하더라도 주신 은혜를 감사하며 살아가게 하소서.

주님이 나를 부르시는 날에
내 모습이 추하지 않게 하시고
우리 아이들에게 부담 주지 않고
기쁨 가운데 편안하게 가게 해 주소서.

그리고 여덟 자녀 순서대로
시간이 나면 손주들까지……

내가 열심히 노력하고,
잘해서 살아가는 줄 알았는데
엄마 기도의 실현이 우리 삶임을
그 기도로 우리가 살고 있음을……
이슬이 눈가를 지나 무릎까지 이어진다.

* **파란하늘님:**

　엄마의 기도 한 줄 한 줄이 가슴을 울리네요.

　30년 전 우리 어머니도 이렇게 기도하셨던 기억이 납니다.

　자녀들을 위해 바치는 부모의 마음은 어디나 같다는 생각에 눈시울이 뜨거워지네요.

　작가님의 좋은 글 감사합니다.

　오늘 우리 부모님께 전화 한 통 드려야겠어요.

* **gain님:**

　울 엄마의 새벽기도가 생각납니다.

　'내가 맨날 김서방 승진하라고 새벽마다 기도했다.'

　엄마들은 그런 모양입니다. 그래서 효도를 넘치게 받아도 부족하다는 생각입니다.

* **k00222님:**

　언제 어디서나 자식 잘되기를 바라는 부모 심정이 기도문 속에 가득하네요. 이런 기도가 자식을 좋은 세상으로, 떳떳한 길로 나아갈 수 있게 했다는 것을 느낍니다.

　부모라는 명칭 속에 담긴 사랑의 깊이는 드높은 하늘로도, 깊은 바닷물로도 헤아릴 수 없는, 위대함으로 채워져 있다는 것을 새삼 느껴 봅니다.

　우리 부모 세대가 태어나 살았던 시대는 참으로 어려웠던 시기였습니다. 전쟁의 폐허 속에서, 민주화 과정 속에서, 일궈낸 우리나라의 발전된 모습은 부모님의 손길을 고스란히 담고 있습니다. 이를 잊지 않고 보전하고 더욱 발전시켜 나가야 할 책임이 우리 세대에게 주어진 사명이 아닐까 합니다.

평생 자식 사랑의 길을 걷다가 떠나신 고귀한 삶, 잊지 않고 마음에
간직하려는 작가님의 글이 세상의 자식들에게 부모를 그리워하고 마음에
깊이 간직하는 계기가 되면 좋겠습니다. 오늘도 잘 읽고 느끼고 갑니다.
고맙습니다.

*mimo963님:
어머님의 기도가 하늘나라에 상달되어 주님 안에서 자녀들의 현재 삶이
평안하고 행복으로 가득한 것을 보게 됩니다. 앞으로의 삶도 감사와 기쁨이
넘치는 삶이 되길 소망합니다.

나의 느낌이나 고백

알 수 있어요

엄마는
얼마 되지 않는 남의 텃밭을
마치 보석처럼 관리하고 가꾸셨습니다.

계절이 고와지면
상추, 고추, 가지, 고구마를 심어 두고
그렇게 자라기를 기다리고 기다려

"상추 따다 놨다. 너무 잘 자랐어.
가져다 먹어라." 하신다.
그러면 나는 "집에 많이 있어요."

"고추가 벌써 먹을 수 있게 자랐어.
따다 놨구나. 가져다 먹으렴."
"반찬 많아요."

"가지도 제법 컸어,
몇 개 따다 놨구나. 언제 가지러 올래?"
"엄마 드시지, 그래요?"

상추, 고추, 가지
말씀하실 때마다
번거롭고 귀찮다는 마음이 있었습니다.

그때는 몰랐습니다.
'많이 보고 싶구나,
네 안부가 궁금해.'라는 말인 줄

그때는 어리석었습니다.
'나도 말하고 싶구나,
대화 상대가 필요해'라는 의미인 줄

아무런 생각 없이
미루고 외면해 온 나의 일상에도
엄마는 원망이나 미움이 없었습니다.

이제야 알 수 있습니다.
'내가 줄 것은 아무리 살펴도
이것밖에 없구나'라는 뜨거운 사랑이라는 것을

＊kong님:

　반성합니다…. 어찌 이리 같은 마음인지요.

＊kjk님:

　작가님의 글을 읽으면서 '아! 그랬었구나.'라는 탄성을 지어 봅니다. 먹고 살기 위해 떠나온 고향, 그 고향에는 언제나 부모님의 기다림이 서려 있습니다. 차마 '보고 싶다'라는 말씀을 못 하시고 '반찬 해 두었으니 가져다 먹어라. 끼니 거르지 말고….'라는 말로 대신하셨던 그분 말씀의 의미를 알 수 있을 것만 같습니다.

　바쁨을 핑계로 몇 주 고향을 찾지 않으면 바리바리 반찬을 만들어 들고 자식을 찾아 버스에 오르셨던 그분이 말없이 전하고자 했던 '보고 싶었다.'라는 마음을 이제야 알 수 있을 것 같습니다.

＊00222님:

　제 나이가 벌써 내 어머니의 마지막 생전 모습이 되어버렸습니다. 작가님의 글을 읽으면서 과거 생전 어머니와의 만남을 추억하게 됩니다. 그리운 추억, 마음속 깊은 곳에 자리한 그리움을 되새김할 수 있는 기회를 주셔서 감사합니다. 오늘도 잘 읽고 갑니다.

＊hck님:

　시를 보면서 부모님의 사랑을 다시 느낄 수 있는 있어 많은 공감이 됩니다.

＊617143님:

　따뜻한 밥은 자식들 입에, 찬밥 덩어리는 늘 어머니 차지~
　구경만 했죠~.

*kk님:

어머니와 전화 통화할 때, 어머니는 못난 아들 걱정에 자주 우셨습니다. 그때는 "왜 우느냐? 또 우느냐?"며 역정을 냈습니다. 그때는 날 위한 엄마의 걱정이 싫었답니다. 그때는 철이 없어 그랬습니다. ㅠㅠㅠ

나의 느낌이나 고백

엄마의 언어

'보고 싶구나.'
"반찬 가져다 먹어라."

'더 많이 주고 싶어.'
"휴지 얻어다 놨어, 가져다 써라."

'네 삶이 더 풍요롭게 되면 좋겠어.'
"훤한데, 불은 왜 켜니?"

'내 사랑이야.'
"누나가 김을, 동생이 토마토를 보내왔어."

'너만을 위하고 싶구나.'
"바쁜데 뭐 하러 왔어?"

'네가 행복하면 좋겠구나.'
"애들 기다린다, 어서 가라."

'네가 잘되면 좋겠어.'
"나는 아무렇지도 않구나. 염려 말아라."

'네가 부자 되면 좋겠구나.'
"이런 거, 뭐 하러 사 왔어?"

이제 겨우 알아들을 만한데 안 계시니,
"아직도 못 알아들어?"라는 비난이라도 듣고 싶다.

세상에 이런 바보가
나 말고 또 누가 있을까요?

＊파란하늘님:

　작가님의 글 읽으니 눈시울이 뜨거워지네요.

　엄마의 말 한마디 한마디가 다 사랑이었는데, 그땐 몰랐던 것 같아요.

　지금 생각해 보니 정말 소중한 말들이었는데…….

　이제야 알아듣는데, 그 말을 해 주실 분이 없다는 게 참 슬프네요.

　진짜…….

　엄마의 사랑은 끝이 없는 것 같아요.

＊kj님:

　자식은 부모 앞에만 서면 바보가 됩니다. 작가님만 그런 것이 아닙니다. 그래서 부모는 90이 되어도 환갑을 넘긴 아들이 어리게 보일 수 있겠다는 생각을 해 봅니다. 아들은 투정하고 부모는 그 투정이나 응석을 어쩌면 당연하게 받아들이기에 항상 부모와 자식 사이에는 '어림'이라는 말과 '보살핌'이라는 언어가 따라붙는 것이 아닐까 싶습니다. 오늘도 작가님 덕분에 마음속에 응석이라도 부리고 싶은 어버이를 그리워하는 시간을 가져 봅니다. 고맙습니다.

＊mp님:

　세상 모든 엄마의 공통점인가 봅니다. 자녀에게 하나 더 주고 싶고, 하나 더 먹이고 싶고, 더 사주고 싶고 더, 더, 더 하고 싶은 부모의 마음이지요, 에고 에고~~ㅠㅠㅠ

＊kdh님:

　제 어머니는 무척 과묵한 분이셨습니다. 제가 희로애락을 잘 드러내지 않은 포커 페이스가 된 것은 자식 중 가장 어머니 성품을 많이 물려받았기 때문입니다. 자식들에 대한 사랑을 안으로만 갈무리하셨던 어머니를 닮아서인지 저 역시 살가운 아들은 아니었습니다. 더 이상 어머니가 안 계신 지금 후회막급입니다.

* chj님:
  저도 바보입니다~ .

나의 느낌이나 고백

잊을 수 없는 유산

"엄마표 부추김치는
정말 맛있어요."라는 말에
엄마는 철마다 잊지 않고 부추김치를 담가주신다.

거동이 불편할 땐
"장날이구나, 네가 두 단 사 와라."
그래서 담가주셨다.

어느 장날 부추를 사 갔더니
"볼펜하고 연습장까지 가져와라."
"무엇 하게요?"

"이렇게 좋아하는 거
엄마 없으면 어떻게 먹을래?
담그는 거 보고 적어."

부추 두 단, 당근 1개, 액젓 3/4공기,
쌀밥 2/3공기, 고춧가루 3국자, 양파 1개,
생강, 마늘 각각 한 숟가락, 풋고추 5개, 설탕 6숟가락.

믹서기에 넣고 갈아
세 번 자른 부추에 넣고 버무려
그다음, 가늘게 채 썰어둔 당근 넣고 한 번 더

당근이 시각과 영양의 맛을 더해 준 거야.
1~2시간 그냥 뒀다가 용기에 담아,
그리고 한나절 숙성시켜서 먹어.

부추를 볼 때마다
먹고 싶을 때마다
귀한 유산이 그리워 눈물이 흐른다.

*파란하늘님:

엄마의 부추김치 레시피가 정말 소중한 유산이네요.

저도 어머니가 담가주시던 김치가 생각나서 가슴이 찡해지네요. 이렇게 자세히 적어두신 거 보니 정성이 느껴져요.

부추김치 한 번 담가봐야겠어요.

*00222님:

작가님의 부추김치 이야기. 그리운 손맛을 불러놓습니다. 신혼일 때의 일입니다. 큰아이를 데리고 손주도 보여 드릴 겸, 해서 부모님이 계신 고향집으로 향했습니다. 아들이 온다는 말을 듣고, 손수 밥을 짓고 반찬을 만드시는 모습을 보면서 며느리에게 손맛을 전수해 달라는 요청을 드렸습니다. 그때 엄마는 "때가 되면 전해 줄게"라는 말로 대신하시고 맛있는 반찬을 내놓으셨던 기억이 생생합니다.

늦은 가을에 담가 놓았던 동치미. 땅속에 묻어 둔 장독에서 꺼내 먹기 좋도록 썰어 그릇에 넘칠 듯이 담아내시고, 젓갈을 밥에 올려 찍어 먹도록 뚝딱뚝딱 만들어 상을 가득 채운 반찬들. 그 안에는 어머니의 손맛이 가득했습니다.

지금은 상상으로만 느낄 수 있는 어머니의 손맛. 아마도 태어나서 분가할 때까지 그 손맛에 길들여 있어서 세상에서 가장 그립고 맛있는 그 맛. 이제는 맛볼 수 없는 그 맛. 작가님이 그리워하는 그 맛도 어릴 적부터 길든 다시는 느낄 수 없는 맛이기에 더욱 그립고, 시간이 가면 갈수록 더 그리워질 것이라는 생각에 애틋한 마음이 듭니다.

저는 벌써 그 맛을 잃고 그리워한 지 28년이 되었습니다. 시간이 가면 갈수록 더 그리워지는 향수, 고향을 그리워하는 것은 어머니의 손맛을 느끼고 싶은

데서 비롯된 것이 아닐까 싶습니다. 많이 그리워하세요. 그 또한 어머니가
남기신 작가님만의 유산이라는 생각입니다.

* gain님:
  고교 시절에 친구 도시락 반찬에 부추김치, 참 맛있었지요.
  곁에 계실 때 잘해야 하는데 마음보다 감정이 앞서니
  쉽지 않네요.
  작가님, 위로합니다!!

* mimo님:
  부추김치 담그는 방법을 감칠맛 나게 자세히 알려줘서
  고맙고, 감사합니다.

나의 느낌이나 고백

영원히

"손발이 저리구나. 왜 이럴까?"
5분도 못 주무르고 "됐어요?" 묻는다.

"병원에 가야겠구나."
"또요? 그제도 갔잖아요?"

"멸치 볶아 놨구나."
"병원에 자주 다니면서
뭐하러 했어요?"

이른 아침이나 밤에
전화벨이 울리면 긴장이 되었다.

출근 준비로 분주한 아침
7시쯤 전화가 기분을 어색하게 했다.

"밤새 잠을 하나도 못 잤구나."
"일찍 전화하지, 그랬어요?"

"네가 피곤할까 봐
참고, 기다렸다가 했어."

"많이 힘들구나.
바쁜 줄 알면서 했어."

마지막인 줄 아셨을까? 다른 날은
곁에 있는 여동생을 부르더니,

그렇게 말씀 한마디, 행동마다
진한 사랑을 담아 주시던 엄마를

그날 병원에 모시고 가
영원히 이별했다.

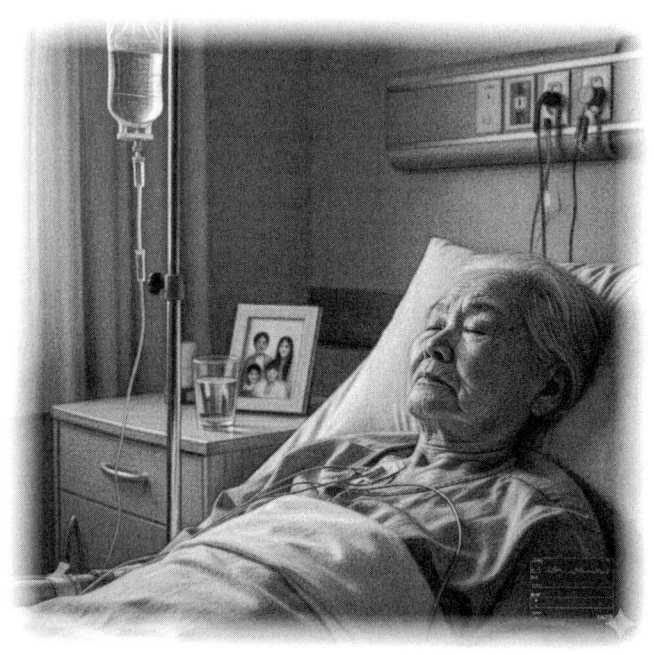

*파란하늘님:

글에서 어머니를 보내신 아픔이 고스란히 느껴집니다.

저도 작년에 어머니를 떠나보내며 비슷한 경험을 했어요.

병원 갔다 온 뒤에도 멸치 볶아 놓으신 모습이 떠오르네요. 작가님의 마음이 너무나 이해됩니다.

시간이 약이 될 거라고 믿어요.

*kong1234님:

눈물이 나네요.

*a617143님:

마지막 순간임을 알고 있으면서 같이 몸부림을 못 친 것에 대해 두고두고 후회로 남습니다~

*kjk00222님:

임종의 순간까지도 자식 걱정을 놓지 않는 부모의 마음을 조금이나마 헤아려 보는 시간이 되었습니다. 작가님의 글을 읽으면서 '어찌 이리 부모는 자식에게로 향하는 마음이 같은 걸까?' 하는 생각에 그리움이 더욱 쌓입니다.

오늘은 신사임당께서 친정을 떠나 시댁으로 향하는 길에 대관령에서 지었다는 글이 생각납니다. 연로하신 어머니를 두고 떠나는 자식의 심정을 그려낸 시인데, 작가님의 마음을 담은 듯하여 적어 봅니다.

대관령을 넘으며 친정을 바라보네. [踰大關嶺望親庭]

늙으신 어머니는 고향 강릉에 계시는데 [慈親鶴髮在臨瀛]

시댁(한양)을 향해 홀로 떠나는 내 마음 [身向長安獨去情]
머리를 돌려 고향을 한 번씩 바라보니 [回首北村時一望]
흰 구름 발밑에 날고 저무는 산에는 그리움만 가득하네. [白雲飛下暮山靑]

이 시는 백발이 되신 친정어머니를 고향 강릉에 두고, 한양에 있는 시댁을 향해 떨어지지 않는 발걸음을 내딛다가 대관령 고갯마루에 이르러 고향 쪽을 바라보며 지었다고 알려져 있습니다. 이제 이 대관령을 넘어서면 시야에서 사라지는 고향마을 그곳에 살고 계시는 어머니를 언제나 다시 뵐 수 있을지, 안타까운 심정은 고향마을 쪽으로 고개를 돌리게 만들고, 날은 저물어가지만 마음속에 남은 어머니에 대한 그리움은 더욱 짙어지는 심정, 말로 표현하기 어려울 정도로 참 애틋합니다. 아마 작가님의 마음이 이런 마음이 아닐까 싶습니다.

나의 느낌이나 고백

사랑

엄마 집에 가면
"바쁜데 뭐 하러 왔어?"

잠시라도 더 머물라 하면
"아이들이 기다린다. 어서 가라."

저녁 9시가 넘어가면
"피곤하겠어. 내일 출근해야 하잖아?"

"그만하면 충분해요" 하면
"나보다 너희 집 식구가 많잖아?"

"참고, 참다, 전화했구나.
병원에 좀 데려다주라."

안마기를 구입해 드리면
"너희 필요한 것 사지, 뭐 하러 샀어?"

"내 걱정일랑 내려놓고
너희 새끼들 염려나 해라."

손주들이 투정 부리면
"저 녀석들이 왜 우리 아들을 힘들게 한다니?"

"무슨 일을 만나도
어떤 잘못을 하더라도 엄마는 네 편이란다."

* 선교사님:
  정말 감동입니다. 사람은 눈물을 흘려야 한다는데~.

* a617143님:
  영원한 내 편 어머니….

* wjsdb님:
  엄마를 모시고 살면 이런 훌륭한 글이, 모시고 살지 못해서 좋은 글 감상합니다. 고맙습니다.

* Lbs님:
  시를 보니 오래전에 돌아가신 어머니 말씀과 행동이 생각났습니다. 그때 제 체중이 많이 늘어 배가 나오고 얼굴에 살이 피둥피둥 쪄서 '체중 관리를 해야겠다.'라는 생각을 하고 있었던 때였습니다. 어머니 집에 갔더니, 나를 본 어머니는 "얼굴이 왜 이렇게 말랐니, 잘 좀 먹지" 하셨습니다 그러면서 "아내한테 맛있는 것 좀 해달라고 하지 어떻게 이렇게 말랐어? 얼굴이 마르면 못 쓴다."라고 하신 엄마의 말씀이 생각납니다. 엄마는 살찐 나를 보면서도 말랐다고 생각하신 것입니다. 엄마 사랑이 그렇게 보이게 만들었겠지요. 시를 보고 엄마 생각이 나 많이 울었습니다.

나의 느낌이나 고백

마지막까지

만일 내가 죽거들랑
울거나 서운해하지 말아라.

어차피 인생은 한번 오면
반드시 가야 하거늘

운다고 달라질 것도
서운해한다고 바뀔 것도 없단다.

의사가 곤란하다고 하면
연명 치료는 하지 말아라.
안 한다고 보건소에 서명해 뒀구나.

너희 보살핌으로 평생 살았으니
마지막 길은
내가 마련한 옷 입고 가련다.
장롱 속에 있는 삼베옷 입혀 보내렴.

장례식은 돈 버는 일도 아닌데,
여기저기 알리지 말고
화려한 장식이나 비싼 물건도 하지 말아라.
서운하거든 가장 소박한 것으로 해라.

빈말로 알고 가볍게 들었는데

그날을 당하고 보니, 엄마 말이
우리를 참 편하게 해 주었습니다.

마지막 가는 길까지
자녀들에게 부담될까 봐, 엄마는
사랑만 보여주셨습니다.

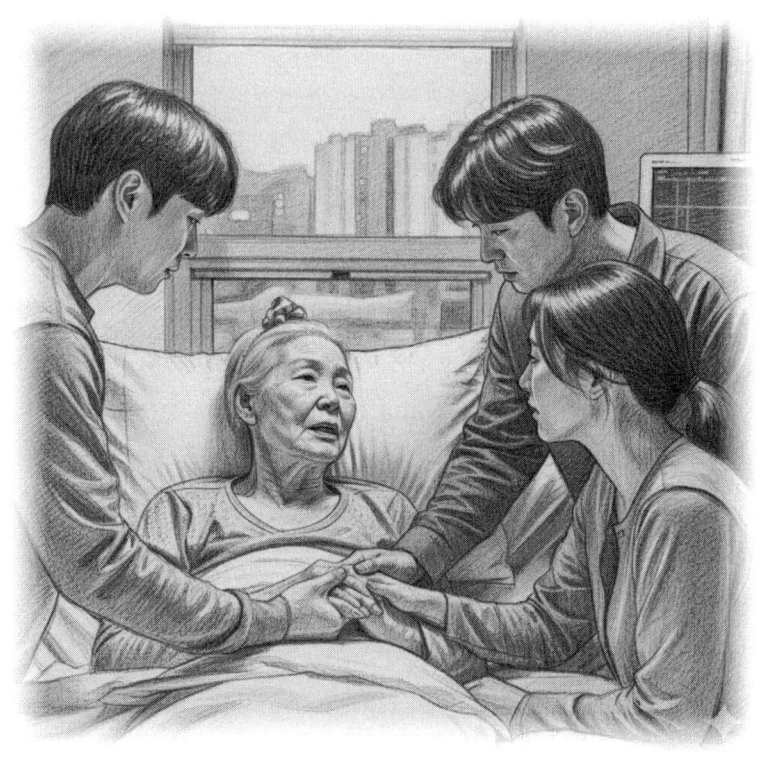

* a617143님:

마지막 순간까지 어머님의 사랑은 지극하고 가없습니다~.

그 무엇으로도 갚을 수 없는 은혜를 우리는 늘 입고 살아갑니다. 하지만 그 가치를 모르고, 떠난 뒤에야 그 절실함을 깨닫게 됩니다. 그래서 인간은 늘 후회를 안고 사는 것 같습니다~. 그래도 위안 삼을 만한 말을 떠올려 본다면 후회 역시 삶의 일부인 듯합니다~.

* hyw31001님:

작가님!

저는 매일 작가님이 올린 사모곡을 읽으면서 40년이 지난 지금도 저의 어머님이 하신 말씀이 어쩌면 그때도 작가님의 어머님 말씀하고 이렇게 같을까, 마지막 가는 길까지 자식들에게 부담이 될까 봐, 사랑만 보여주신 것은 세상 모든 어머니들의 자식 사랑이 아닐까 생각합니다.

작가님!

매일 아침 사모곡을 읽으면서 때로는 가슴 울컥할 때가 한두 번이 아니며, 어머니에게 불효했던 것들이 주마등처럼 새삼 떠오릅니다.

작가님!

기온 차가 심합니다. 건강도 챙기면서 健筆하십시오.

* kjk님:

예전 어르신들께서는 자신이 입고 떠날 수의를 미리 준비해 두었다가 그 옷을 입고 소풍 길에 올랐지요. 작가님의 어머님도 손수 입고 가실 옷을 준비하셨네요. 마지막 가시는 길까지 자식에게 짐을 덜어주기 위해서겠지요.

우리의 부모 세대는 참으로 헌신의 삶을 사셨습니다. 위로는 부모님 봉양을 위해 헌신하셨고, 아래로는 자식들을 위해 헌신하시다가 마침내 자신을 위해 마련한 소소한 옷 한 벌이 수의였습니다그려~~~

모든 것이 부족한 시대에 사셨으면서도 자식들에게는 풍성한 세상을 남겨 두셨으니, 그 어떤 것으로도 어렵고 힘겨운 세상살이를 보상해 드릴 수 없을 듯싶습니다.

다만, 그분의 삶이 작가님의 행복을 위한 밑거름이 되는 것으로 만족하고 떠나셨으리니 오히려 떠나시는 길이 편안하고 가벼우셨을지도 모르겠습니다.

우리가 떠나신 분에게 보답할 길은 요원하지만 그리워하면서 최선을 다해 열심히 살아간다면 그것으로 되었다고 말씀하실 듯합니다.

작가님은 최선을 다하는 삶을 살고 계시니 아마도 작가님을 지켜보는 하늘의 별이 되신 어머님은 미소 짓고 계실 듯합니다.

나의 느낌이나 고백

_____

_____

_____

어디로 가야 할까요?

어렸을 적 엄마 따라간 시장에서
"엄마 잃으면
경찰 아저씨를 찾아라."

"학비 걱정 말고 공부하거라.
무슨 수를 쓰더라도
네 학비 못 마련하겠니?"

"반찬이 떨어지면
엄마한테 와라.
냉장고에 가득했구나."

"세상살이가 힘들면
엄마가 이고 다녔던
생선 광주리를 생각해라."

이제는 경찰 아저씨를 찾아도
학비가 떨어져도,
반찬이 떨어져도

찾아갈 곳이 없습니다.
엄마를 잃었습니다.
고아는 나이에 상관없이 힘든가 봅니다.

* a617143님:

  어머~ 귀가 아프게 들은 말씀들입니다. 대를 이어져도 우리 애들한테 그대로 전해지고 있는 그 말.

  "다 괜찮으니 아프지만 말라고….."

나의 느낌이나 고백

....

....

....

4부
아들의 반성

기다림

할머니는 혼자 18평
우리 식구 4명, 12평 아파트

"아빠! 왜
할머니는 혼자 넓은 집에 살고,
우리는 좁은 집에 살아야 해?"

엄마는 혼자 24평
우리 네 식구는 18평

"아빠는 참 이상해.
우리가 이렇게 컸는데
할머니보다 우리는 좁은 집?"

어머니는
"나는 좁은 집에 살아도 된단다."
아이들은
"아빠, 우린 왜
넓은 집에 살면 안 돼?"

나는 아직도
아이들로부터
할머니만 챙긴다는 불평을 듣는다

얼마나 많은 시간을 더 기다리면
아들 됨의, 아빠의 처신을
우리 아이들이 알아줄까?

* 문화님:

그냥 눈물이 납니다.

* I Love님:

아마 평생 알 수 없을 테지요. 혹시 모르지요. 지금 아빠와 같은 입장이 될 때, 그때라면 지금의 아빠는 다 늙어 있겠지요.

* math님:

요즘 계속 생각해 보게 돼요. 아무리 자칭타칭 효녀·효자라 해도, 부모가 생각하는 마음의 50%, 70%밖에 몰라요.

* k님:

아마 아이가 나이 들면 스스로 느낄 겁니다. 잘 읽고 갑니다

* hyw님:

시를 보다 보니, 가슴이 뭉클해집니다. 건강도 잘 챙기기를 바랍니다.

* c님:

아이들은 부모를 닮는다고 합니다. 그러니 걱정일랑 내려놓으시고 늘 편안하시길요~.

* kkk님:

우리도 그러했듯 자식들도 그 나이 되면…. 그리고 또 후회와 회한의 시간을 갖는 것이 우리네 인생인 것 같습니다.

나의 느낌이나 고백

....

....

....

다 그러고 살았어요

엄마가
광주리에 생선 가득 담아 머리에 이고
십 리, 이십 리 길을 걸어
생선 팔러 다니는 것이 그리 힘들었다고 하면
나는 "그땐, 다 그러고 살았어요" 했다.

엄마가
머리에 광주리 잡느라 딸 먹일 젖이 흘러
치마까지 적셔도 추스르지 못하고
생선 한 마리 더 팔려고 다녔다고 하면
나는 "그땐, 다 그러고 살았어요" 했다.

아버지 학비 마련하느라
초가집 날개 엮고
남자들도 버거워하는 용마름을
손이 부르트도록 엮었다고 하면
또 "그땐, 다 그러고 살았어요" 했다.

너희들 가르치느라고
쌀 아껴서 돈 사고
너희들 먹고 싶어 하는 계란 못 먹게 말려
돈 사서 가르쳤다고 하면
"그땐 다 그렇게 살았어요" 했다.

자식이라고 가르쳐났더니,
뭘 좀 안다고 하는 사람의 말이
겨우, 엄마 가슴을 후벼파는
거친 송곳뿐이었습니다.

독자들의 이야기

* hyw31001님:

제 어머니를 생각해 보고 작가님 어머니 말씀을 보니 구구절절합니다.

다 그때는 그렇게 살았다니, 고된 삶의 여정이 누그러지지 않네요.

어머니!

사랑합니다.

* kkk님:

우리네 엄만 다 그렇게 살았고, 자식들 엄만 혹 그렇게 살 수도 있지만,

손주들 엄만 가슴 후벼 파는 소리라도 들을는가 싶습니다.

끝없이 이어지는 사모곡에 감탄사만 남깁니다.

* mimo105님:

그땐 다 그러고 살았어요.

헌신적인 어머님의 삶 공감합니다.

* wjsdbf00님:

어머니의 삶에 관한 사연을 들으니, 그저 눈물만 납니다. ㅠㅠ

나의 느낌이나 고백

무슨 법칙일까?

이제, 이후로는
엄마 뵈러 가는 시간, 헤아리지 않아도 되고,
병원에 모시고 가지 않아도 되고,
병문안 가지 않아도 되고,
밤새워 간병하지 않아도 되고,
생활비 챙겨 드리지 않아도 되고,
몸 아프다는 말, 듣지 않아도 되고,

엄마 생신 선물 고민하지 않아도 되고,
명절에 드릴 용돈 고민하지 않아도 되고,
잘해드려야 하고, 효도를
생각하지 않아도 된다.

부담스러운 일이라며
어깨에 짊어졌던 짐들을
하루아침에 다 내려놓았음에도
도리어 커다란 바윗덩어리를 안은 것처럼
온몸이 눌리고, 한없이 더 무겁게 느껴지는 것은
무슨 이유일까?

그렇게 많은 짐들이
비워지고 가벼워지기를
철없이 기다린 적도 있었는데
이제 모두 덜어져 무게조차 사라졌는데

도리어 견딜 수 없는 무거움을 느끼는 것은
무슨 물리 법칙일까?

* **병원 중개님:**
  엄마를 떠나보내는 슬픔이 느껴져요. 힘내세요!

* **kjj님:**
  이제는 내가 엄마로서 자식에게 짐이 되지 않길 바래봅니다.

* **kj222님:**
  짐이라 여겼던 것들이 행복이었음을 느꼈을 때는
  이미 빈자리가 된 경우가 많습니다. 좀 미리 알았더라면….
  조금이라도 더 가까이하고, 더 정성을 다했을 텐데….
  떠나신 후에야 안타까움을 느끼니 누구나 아쉬움을 느낍니다.
  어떤 경우라도 자식은 부모의 큰 사랑을 넘어설 수 없다는 것을 느낍니다.
  그러니, 세월이 흐를수록 더 그립고, 더 커진 빈 마음을 가질 수밖에 없더이다.

* **hy001님:**
  어머님의 빈 자리가 이렇게 큰 줄을 몰랐습니다. 힘내십시오.

* **kkk님:**
  사모곡 1, 2, 3…. 엄마와의 이별 과정에서 만나는 그 아픔과 아쉬움이 읽는 모든 이에게 잘 전달되는 따뜻한 시입니다.
  나는 가져보지 못한 감정들이라 엄마에 대한 사랑과 그리움이 어떠한지를 보니, 나는 죄스러움을 느끼게 되네요.

*mi105님:

  자식 된 도리를 다하려고 애쓰다가 갑자기 어깨에 짊어진 짐을 내려놓고 뒤돌아보니, 그것이 도리와 잘못이 아닌 어머니를 지극히 사랑한 효심이었음을 알았습니다. 힘내세요.

*sp567님:

  힘들다고 투정을 부렸던 날들이 후회되고, 더 커다란 응어리가 마음속에 담겨 있네요.

나의 느낌이나 고백

또 울어?

아내가
"당신 또 울어요?"
"응."
"인제 그만 울지 그러세요?"

이 년 전, 혼자 어머니를 모시다가
하늘나라로 보낸 지인과
통화하다가 같이 훌쩍거렸습니다.

지인은 엄마 잃은 아픔을 견디기 어려워
여러 달을 외국에서 보내고 들어와도
잊히지 않았다며 함께 울었습니다.

세월을 이기는 장사壯士가 없다는데
모정母情은 어인 일로 세월까지 거슬러
엷어질 줄도, 닳아질 줄도 모릅니다.

아내는 "살아계실 때, 더 잘하지."
"그러게, 잘해도, 못해도 눈물인 것을
세월마저 이겨내는 정을 나라고 어찌하겠소?"

*이영님:

　사모곡을 읽을 때마다 저도 3년 전에 천국 가신 친정아버님 생각이 나 눈물을 흘리곤 합니다. 47세에 어머니가 먼저 돌아가시고, 39년을 혼자 사시면서 6남매 뒷바라지 다 하시고, 결혼시키고, 갖은 고생 다 하시다 돌아가셨습니다. 사모곡을 쓰신 님은 참으로 효자인 것 같습니다.

*song님:

　저도 사모곡을 읽을 때마다 가슴이 뭉클해져 옵니다.

나의 느낌이나 고백

늙은 강아지

오래전부터 나는
냉정하고, 무정하고
매정한 사람이라 생각했습니다.

이별의 경험이 있고
험한 고갯길을 넘나들고,
괴로움이 무엇인지 알고 있어서

이별할 때는
과감하게 돌아설 수 있다는
이성과 지혜를 자랑했습니다.

그런데 모정은 용광로처럼 자랑도
냉정도, 경험도, 지혜도, 이성도 다 녹여내
그리움과 눈물만 만들어냅니다.

극한 허전함은 눈물까지 말리고,
잠을 쫓아내고,
건강까지 흠집 냅니다.

무슨 힘이 이리도 강할까요?
무슨 끌림이 이리도 엄청날까요?
무슨 정이 이리도 센 걸까요?

어미와 처음 떨어져
밤새 낑낑대는 어린 강아지처럼
어두운 밤을 부둥켜안고, 한없이 방황합니다.

*워렌님:

작가님의 깊은 슬픔이 느껴집니다. 어머님을 향한 그리움이 얼마나 클지 감히 짐작하기 어렵습니다. 작가님의 다른 글들이 궁금해집니다.

*kjk님:

님의 그 그리움, 충분히 이해합니다. 하지만 엄마를 잃고, 마음과 몸을 상하게 하는 것을 어머니께서 원하는 일일까 생각해 봅니다. 너무 상심해 건강을 해치는 것 또한 불효일 것입니다. 그리워하되 일상의 행복을 찾아 나서는 것도 좋을 듯합니다.

*gain님:

엄마에 대한 강한 그리움, 충분히 이해가 됩니다. 저도 아버지를 보내고 그리했고, 지금도 가슴에 남아 있으니까요.

님의 그 마음을 위로합니다.

*105님:

헤어진 남편이 그리워서 밤잠을 설치며 그리워해 본 적은 기억에 없는데, 천륜인 부모와 자식의 인연의 정은 수많은 세월이 흘러도 변하지 않고 계속되는 것을 봅니다. 이런 사랑이 영원한 사랑이라는 것을~!

*zt012님:

아마 어머니는 천국에서 '이렇게 좋은 아들이 내게 있었노라'라고 자랑하고 계실 듯합니다. 평안을 기원합니다.

나의 느낌이나 고백

눈물

삶이 바쁘다는 핑계로
엄마를 가까이, 자주 살피고
효자처럼 돌보지 못했다.

뵙는 것조차 그랬으니,
엄마 마음, 괴로움이나 아픔을
헤아리는 일은 얼마나 부실했을까?

자꾸 불어난 부끄러움이 말을 막는다.
이렇게 많은 눈물을 흘리면
서운함이나 슬픔은 누그러질 줄 알았는데……

남의 상가에서는
90이 넘으면 호상이라는 말을
아무런 부담 없이 하곤 했는데

엄마 나이가 아무리 많아도,
더 없는 효를 실천한다 해도
자녀에게 호상은 없는 것을

내 나이 아무리 많아도
아무리 많은 공부와 도를 닦았다 하더라도
새끼에겐 그저 눈물뿐인 것을…….

＊해피님:

　시를 보니, 너무 공감됩니다. 저도 재작년에 어머니를 보내 드렸는데, 아직도 엄마만 생각하면 눈시울이 붉어지고 가슴이 먹먹해져서ㅠ.ㅠ

　선생님의 글은 마음에 명약입니다. 감사합니다.

＊by님:

　마음만 봐도 효자라는 것을 알 수 있습니다.~^^ 복 많이 받을 거네요.~^^

＊콩새님:

　잘 읽어 내려가다가 마지막 문장에서 눈물이 핑 도는 것을 느꼈습니다.ㅜㅜ

＊mo105님:

　저의 어머니는 47세에 6남매를 남겨놓고 갑자기 하룻밤 사이에 저세상으로 떠나갔습니다. 지금도 내 마음속에는 어머니가 살아계십니다. 지금도 생각하면 보고 싶어서 두 눈에 이슬이 맺힙니다.

나의 느낌이나 고백

호상

오래전부터
사람이 90세를 넘기면
살 만큼 살았다고 생각했습니다.

어머니를 보내고 나니
이별은 나이에 상관없이
아픔이라는 것을 알았습니다.

호상이라는 말을
누가, 언제 했는지 찾아가
물어보고, 따지고 싶습니다.

가슴이 아프고, 허전하고,
괴로움을 넘어 상처가 되어
날개 잃은 새처럼 맥을 쓰지 못합니다.

아무리 오래 살고
더없는 호화로운 삶을 살았다 하더라도
자녀에게는 안타까움뿐입니다.

죽음을 멀리 두고, 소홀히 여기고,
일상이라 여겼던 생각을
뉘우치고 반성합니다.

자녀에게는 그저
불효요, 죄스러움이요, 하늘이 무너지고,
속이 뒤틀리는 괴로움뿐입니다.

*kong1234님:
　적극 공감합니다!

*kjk00222님:
　저의 외조모는 99세에 소천하셨습니다. 제가 교사가 된 첫해였으니 1991년입니다. 소식을 듣고 외가로 달려갔을 때, 어머니는 한없이 울고 계셨습니다. 이날 조문객으로부터 '호상'이라는 말을 처음 접했던 것 같습니다. 그러나 상을 마친 뒤에도 어머니는 몇 해 동안 외조모를 그리워하셨던 기억이 생생합니다. 부모님을 보내는 자식에게 '호상'이라는 말은 위로가 되지 않는다는 것을 그때 느끼고 이해했던 것 같습니다.

　이후 7년이 지난 어느 날 고향에서 연락이 왔습니다. 부모님이 타고 가시던 차가 중앙선을 넘어 교통사고가 났다는 소식이었습니다. 하늘이 무너지는 날벼락 같은 소식에 고향으로 향하는 길은 한없이 멀고 멀었습니다. 고향에 도착했을 때, 사랑하는 어머니는 영안실 차가운 곳에 누워 계셨습니다. 기가 막힌 일이었습니다. 갑작스러운 비보는 몸을 가눌 수 없게 했습니다. 상을 치르는 동안 내내 한없이 통곡하며 날을 지새웠던 기억이 생생합니다. 그날의 상처는 지금도 마지막을 지켜드리지 못한 죄스러움에 상처가 되어 마음속 깊은 곳에 늘 자리하고 있습니다.

　이후 주변에서 친지와 지인의 부모께서 자녀와 영원한 이별을 하는 일이 많이 있었습니다. 그 아픔을 잘 알기에 아무리 먼 곳이라도 달려가 조문하고 위로를 드려왔습니다. 부모를 보내는 자식의 아픔을 잘 알고 있었기 때문입니다.

　그렇더라도 '맘껏 슬퍼하시되, 몸을 상하는 데까지는 이르지 않았으면 좋겠습니다.'라는 말로 조의를 전하곤 합니다. 부모님을 잃은 자식을 위로하기 위해 선택하는 '호상'이라는 말은 상을 당한 자식을 위로하기 위해 사용하기도 하지만 세상의 모든 자식에게 부모의 삶은 하루라도 더 곁에 계시기를 바라는 마음이라는 것을 알고 있기에 삼가야 할 단어라고 여겼습니다. 그래서 저는 잘 사용하지 않는 말입니다. 더불어 우리가 조문할 때, 사용하지 않는 언어였으면 좋겠다는 생각입니다.

＊서천님:

작가님께서 이제 철이 나셨습니다. 오늘은 하늘이 작가님을 대신해 우나 봅니다. 비가 내리고 있습니다....

＊hyw님:

호상이라는 말은 누가 했는지? 내가 철들 때부터 들었던 말입니다. 생각하면 순간순간 괴롭고, 아픈데….

＊105님:

저의 할머니도 98세에 천국으로 가셨습니다. 그때 사람들이 호상이라고 했던 말이 기억납니다. 그런데 부모님은 너무 안타까워하셨습니다. 그래서 저도 호상이라는 말이 위로가 되지 않는 말이라는 것을 알았습니다.

나의 느낌이나 고백

탱자나무 가시

엄마가 살아계실 때는
등에 짐을 지고 있는 것처럼
무거움을 느꼈습니다.

매달 생활비 드릴 때면
받은 사랑에 비하면 껌값인 것을
제법 아깝다는 생각도 했습니다.

병원에 계실 때,
곁에서 하룻밤 자고 나서는
힘듦을 생각했습니다.

엄마가 요양병원에 계실 때
자녀의 도리를 다하는 것은
상당히 버거운 일로 여겼습니다.

엄마가 떠나시고 난 다음에는
모자란 내 생각들이 탱자나무 가시처럼
마음을 아프게 찔러댑니다.

* 1234님:

　가슴이 아려옵니다.

* kj222님:

　작가님의 진솔한 마음 표현에 감복합니다. 아무리 생전에 그런 마음을 가졌다 하더라도 많은 독자가 있는 곳에 펼쳐 놓을 수 있는 것은 어려운 일입니다. 그런데 작가님은 진솔하게 밝히고 있으니 참으로 부모님께 송구했음을 반성하고 있다는 것을 느낍니다. 그 마음에 공감합니다. 아름다운 용기입니다.

　인제, 어머니께서 '그만 자책하거라. 그러다 네 마음 상하는 것은 나를 아프게 할 것이니….'라고 하실 듯합니다. 너무 자책하지 마시고, 그리운 마음 승화시켜 생활에 전념하시면 좋겠습니다.

* a617143님:

　지난날들의 후회가 더욱 가중되네요~ㅠㅠ

　왜 그랬을까요?

* seojb님:

　얼마나 감사한 글인지 모릅니다.

　정말 그랬습니다~

　가시고 난 뒤에야 후회합니다.

　어리석은 자식입니다. 저도….

* Ygs님:

　시를 보고 나서 부모님을 찾아뵈어야 할 시간이 아직 먼 것 같은데. 미뤄두면 죄를 범한 듯싶어. 이번 주에 부모님 뵈러 다녀왔습니다. 고맙습니다.

나의 느낌이나 고백

청개구리

누구나
한번은
부모를 잃는다.

하지만
나 혼자 겪는 일인 것처럼.
허전함에 마음이 에인다.

별나라의 엄마가
바라는 일은 아닐 터인데
헤어지고 나니

행복하고 즐겁고,
기분 좋게 살라는 말은
떠오르지 않고

이 소박한 바람마저도
들어드리지 못하고
또, 눈시울이 촉촉해진다.

청개구리 닮은 게
부끄럽고, 죄스러워
그냥, 멍하게 서 있다.

* 풀잎이슬님:
  시를 보고 있자니, 덩달아 마음이 아파져 옵니다. 감사합니다.

* 000님:
  늘 힘들게 사시다가 가신 우리 엄마가 생각납니다. 할 말이라고는 눈물밖에 없습니다.
  엄마 죄송합니다. 죄송합니다.
  이게 무슨 소용일까~~~ㅠㅠ

* 파란하늘님:
  작가님!
  진짜 마음이 찡하네요.
  부모님 생각이 날 때면 누구나 그런 허전함을 느끼는 것 같아요. 별나라의 엄마도 지금쯤은 편히 쉬고 계시겠죠. 힘내세요.

* 감사일기님:
  살아계실 때는 청개구리…. 후회의 반복이네요. 부모님이 살아계실 때 잘해야지…. 그리고 모든 대상에게….

* 상돌님:
  엄마 집 마감 글을 읽으면서 아련한 엄마의 모습이….

* 7143님:
  우리는 모두 청개구리의 과거를 안고 사는 것 같습니다.

*hyw님:
　작가님!
　힘내십시오.
　어머님께서도 작가님의 마음을 잘 알고 계실 것입니다.
　내 삶에 최선을 다해 살고 있으면
　그것이 어머님이 바라는 마음일 것입니다.

나의 느낌이나 고백

불효자

60이 넘도록 살아오면서
남몰래 눈물 흘린 적이 별로 없는데
엄마와 이별하고는 두 달이 지났는데도
자다 말고 일어나 휴지를 찾는다.

아내 수면을 방해할까 봐
"또 울어?" 할까 봐
거실로 몰래 나와
이별의 서러움을 닦는다.

이별이라면
강아지도 하루이틀이면 적응하는데
색깔도 없는 서러움이
밤이 희도록 슬프게 울고 있다.

＊워렌버핏님:

　작가님의 애절한 마음에 저도 눈물이 핑 도네요. 어머니의 사랑은 영원하니까 너무 슬퍼 마세요!

＊00222님:

　하늘의 별이 되신 어머님은 아마도 작가님이 잠을 설쳐가면서까지 그리워하는 것을 보면 몸이라도 상할까 염려하실 듯합니다.

　평생 자녀의 뒷바라지를 하며 헌신하신 어머님이 밤하늘에서 잠 못 이루며 바라는 것은 아마도 작가님의 행복하고 건강한 삶이 아닐까 싶습니다. 작가님이 건강하고 즐거운 삶을 바라고 계실 어머님을 생각해서라도 일상의 생활에 전념하면서 일부러라도 그리움을 눌러 보시는 것도 필요할 듯합니다. 병이라도 얻을까 염려됩니다.

＊a617님:

　계절이 수없이 바뀌어도 기억의 빈자리엔 늘 어머니가 계시죠. 어젠 어머니 산소에 다녀왔답니다~.

　산소 가장자리에 접동백꽃이 너무 아름다워 내 어머니 본 듯 주술에 걸린 사람처럼 많은 이야기를 나누고 왔네요~.

　돌아오는 길은 행복했습니다~^~^.

＊KTG님:

　부모님 사랑도 그런가 봅니다. 없는 듯 하지만 헤아릴 수 없는 사랑…. 세상 모든 빛을 다 품고 있는 햇빛처럼….

* KHH님:
예람 워십의 노래 <혼자 걷지 않을 거예요>를 들려드리고 싶어요.

mimo님:
색깔도 없는 감정의 눈물은 어머님께서 자식들을 위해
희생한 사랑의 흔적이 아닐까요?

나의 느낌이나 고백

미루고 미루다가

엄마! 이번 적금 타서
24평 아파트로 가면
생활비 더 드릴게요.

아이들이 커서요,
33평 아파트로 가면
더 여유롭게 드리겠습니다.

아이가 유학 가서
삶이 팍팍해졌어요.
다녀오면 더 잘하겠습니다.

퇴직하면
더 자주, 편하게
잘 모시겠습니다.

그렇게 미루고 미루다가
엄마와 한 약속이
아직도 많이 남아 있는데,

엄마가 떠나고 나니
눈가에서
눈물만 슬피 웁니다.

* 성화문화님:

아쉽게도 부모는 자녀들이 머뭇거리는 사이에 가십니다.

* ikdh3865님:

흘러가 버린 과거, 아직 오지 않은 미래는 우리의 관념일 뿐 존재하지 않는 허상입니다. 존재하는 것은 '지금'일 뿐이지요. 특히 내일은 영원히 오지 않습니다. 내일은 다시 오늘이 될 뿐이지요. 영원히 오지 않을 내일을 기다리다가 많은 사람이 과거에 하지 못했던 일 때문에 고통받고 마음 아파합니다. 저도 그렇습니다. 지금 효도하고 사랑하고 지금 베풀며 살아야 하는데~.

* gain님:

그러게 말입니다. 부모님은 기다려 주시지 않더라고요.

위로를 전합니다.

* hyw31001님:

작가님!

부모는 열 자식을 잘 키우고, 가르치는데, 열 자식은 한 부모를 모시는데 무슨 무슨 변명이 그렇게도 많을까요?

나의 느낌이나 고백

봄비

목련이 치맛자락 추스르니
개나리, 벚꽃, 봄꽃들이 환호성을 지른다.
세상은 즐거움에 푹 빠져들었다.

환희로 가득한 꽃들의 함성은
못다 한 아들의 뉘우침을 꾸짖고
축제의 흥겨움은 폭포수처럼 부끄러움을 쏟아놓는다.

더 잘할 수 있었는데,
더 잘 섬길 수 있었는데
더 편안하게 모실 수 있었는데……

오늘은 하늘도 내 마음과 같은지
가슴으로 우는 서러움 위에
추적추적 눈물을 보탠다.

＊7143님:
　후회와 그리움을 안고 살아가는 것도 나쁘지 않을 듯합니다.
　그때나마 눈감으면 볼 수 있을 테니까요~ㅎ.

＊mimo963님:
　봄비가 대지를 촉촉이 적시면 가슴속에 묻어둔 못다 한
　애절한 사랑들이 봄비에 움트는 새싹처럼…
　작가님의 어머님을 향한 진실한 사랑이 가슴에 울림을 주네요.

＊bylee200023님:
　이별, 아픔, 사랑, 아프면서도 아름답습니다.

나의 느낌이나 고백

　　...

　　...

　　...

5부
아들의 깨달음

엄마의 자리

내게는 가정이 있고,
아내가 있고, 친구도 있고,
의미를 주는 일터도 있다.

부족한 것 없는 삶 같은데
온 세상이 구멍 난 것처럼 공허하고
온 땅이 사라진 것처럼 몸이 휘청거리고
허전한 마음 둘 데 없어 거리를 나선다.

무슨 일일까?
엄마가 별이 되고 보니
내 가슴은 그믐날 저녁처럼 까맣기만 하고
두 눈은 아무것도 볼 수 없는 소경이 된다.

엄마 자리가
내 삶에
이렇게 컸던 것일까?
얼굴에 별빛이 냇물처럼 흘러내린다.

*푸른님:

한없이 크고, 이루 잴 수 없는, 내가 세상에 나온 그곳
바로 어머니 품이지요.

*by님:

영원히 우리 곁에 머무는 어머님의 사랑… 우리가 살아가는 데 큰 힘이
됩니다.

*hyw님:

어머니의 사랑이 하늘보다 높고 바다보다 깊다는 말이 다시금 크게
느껴집니다.

*k님:

든 자리보다 난 자리가 큰데, 그 자리가 엄마의 자리이니까요^^.

*m님:

엄마의 빈자리는 세상에 어떤 좋은 것으로도 채워지지 않습니다.

나의 느낌이나 고백

_____

_____

_____

늦은 깨달음

리모컨이 안 되는구나.
현관문이 불편해.
언제 와 손 좀 봐주라.

몸이 아파 밤새 못 잤어.
언제 시간 되니?
나 병원에 좀 데려다주라.

반창고, 안티푸라민, 소화제
약이 다 떨어졌구나.
약 좀 가져다주라.

엄마는
내가 드린 생활비로 생활하고
내 보살핌으로 사는 줄 알았습니다.

엄마가 없는 텅 빈 집에 와 보니
내 마음 갈 곳을 잃고,
시선조차 둘 곳이 없습니다.

다리가 흔들리고,
견디기 힘든 허전함과 외로움이 다가와
주체할 수 없는 서러움만 흐릅니다.

인제 보니,
내가 엄마를 보살피는 것이 아니라
엄마가 나를 보살폈던 모양입니다.

* f00님:

비우고 사는 것도 도움이 될 듯합니다.

* k00222님:

99세 엄마의 눈에는 70세 된 아들은 아직 어린아이로 보인다고 하더이다. 그래서 노년에 접어든 아들에게도 엄마의 품은 포근한 솜이불처럼 따뜻하기만 한가 봅니다.

* mi님:

늙은 어머님이 젊은 자식들 걱정하는 것은 본능적인 모성애가 아닐까요?

나의 느낌이나 고백

가르침

"효는 모든
행실의 근본이라"라는 말을 들었을 땐
'부모 공경이 가정과 사회 질서의 기본'이라 생각했습니다.

"네 부모를 공경하라 그리하면 이 땅에서
네가 잘되고 네 생명이 길리라"라는 말씀을 들었을 땐
'믿음의 사람들을 위한 큰 교훈'이라 생각했습니다.

"효도는 자기 몸이 부서지고
질리도록 해야 한다"라는 말을 들었을 땐,
'동서양 모두, 좋은 교육을 하고 있구나'라고 생각했습니다.

"효도는 부모를 위해서가 아니라,
나를 위해 해야 한다"라는 말을 들었을 땐
'말 지어내기 좋아하는 호사가들의 입바른 소리,
허풍'이라고 생각했습니다.

엄마와 이별하고 나서 엄마라고 불러보니,
그렇게 정겨운 말이 허공에서 차갑게 맴돌고
엄마의 욕구는 빈번히 내일로 미루며, 여유를 부리고
잠시 묻어두었던 철없는 게으름이
내 가슴을 이렇게 후벼 팔 줄은 몰랐습니다.

아무리 뉘우치고, 한숨을 길게 내쉬어도

입맛은 사라지고, 잠조차 까만 하늘을 방황하고,
정신 놓은 사람처럼 의식은 허공만 맴돌아
눈물의 원천이 된다는 것을 꿈에도 몰랐습니다.

효도는 지금까지
부모를 위한 것으로 생각해 왔는데
인제 보니, 나를 위한 것임을
가슴 깊이 뼈저리게 깨닫게 됩니다.

*yw001님:
  '효(孝)는 자신을 위한 것'이라는 말, 큰 울림을 줍니다. 좋은 글 감사합니다.

*mi님:
  '효는 부모를 위한 것이 아니라, 바로 나를 위한 것'이라는 말에 저도 크게 공감합니다.

*found님:
  부모를 여의고 나서 그것이 바로 나를 위함이었음을 깨달은 작가님은 이미 효자입니다.

나의 느낌이나 고백

_____

_____

_____

다함이 없는 정情

장례를 마치고 나면
엄마 계신 병원에 가지 않아도 돼서
마음이 편할 것 같았습니다.

의사에게 사정하고
간호사에게 매달리지 않아도 돼서
마음에 여유가 있을 것 같았습니다.

어머니가 돌아가시고 나니,
병원에 갈 수 없는 것이 아프고,
의사에게 사정할 수 없는 것이 한恨이 됩니다.

무슨 이런 정이 있을까요?
쇠줄보다 강해 무뎌지지도 않습니다.
다함이 없는 정을 어찌 해야 할까요?

*mo님:

　저의 아버지는 코로나 걸려서 폐병으로 병원에 입원한 지 일주일 만에 자식들 얼굴도 보지 못하고 하늘나라로 가셨는데

　마지막 임종을 보지 못한 아쉬움이 지금도 남아 있습니다.

나의 느낌이나 고백

이상한 아들

엄마가 집에 계실 때는
찾아뵙는 일을 생각하다가도
미루기를 아주, 자주, 빈번히 했습니다.

병원에 계실 때는
피곤하다며 이삼일을 건너뛰어
찾아가 뵈었습니다.

요양병원에 계실 때는
일이 바쁘다며
하루씩 건너 요령껏 찾았습니다.

엄마가 하늘나라로 가신 뒤에는
시간마다 찾고 싶은데
찾아갈 곳이 없다며 가슴만 칩니다.

사랑한다는 고백이
그렇게 어색하고 쑥스럽게만 느껴지더니
이제는 그 고백을 더 자주 하고 싶어집니다.

* wjsdbf00님:

　세상의 모든 자녀는 청개구리?

* mimo105님:

　부모님 살아 계실 때는 효도해야 된다는 것을 알면서도 주어진 일상 속 바쁜 일들로 인해 자식 된 도리를 못다 한 것들 누구나 후회하며 살아갈 것입니다.

* jsg님:

　날마다 올려주신 사모곡 때문에 드문드문 생각나던 어머니 생각을 자주 하게 됩니다. 못다 한 효도가 자꾸 불어나네요~.

* sjp님:

　꼭 저의 얘기를 하신 것 같아서…, 덩달아 마음이 슬퍼집니다.

나의 느낌이나 고백

....

....

....

가장 위험할 때

누구나 언젠가는 부모를 잃고
혼자서 살아가야 합니다.

부모가 없어도 당연히
잘 살 수 있으리라 생각했습니다.

그런데 막상 엄마가 떠나고 나니
마음 둘 데가 없어 머~엉해집니다.

생활비를 마련하고,
병원에 모시고 가야 하고

엄마 생신 기억해야 하고
명절 인사 드려야 하고

시간 따라 전화하는 일이
부담스럽고, 번거롭기도 했습니다.

사람들이 썬다싱에게
"인생에서 가장 위험한 때가 언제인가요?" 물었습니다.

"내가 지고 가야 할 짐이
없을 때입니다."

그동안 가장 안전하고 편한 삶을 살았음을
이제야 알게 됩니다.

*f00님:

　작가님! 자녀에게 당연한 일을 "짐"이라 표현하시니 슬픔이 밀려옵니다. 만물이 겪어야 할 자랑스러운 길이 아닐까요?

*kj님:

　나무는 제자리에 고요히 있고자 하나 바람이 그치지 않고

　樹欲靜而風不止

　자식은 봉양하고자 하나 어버이는 기다려주지 않는다.

　子欲養而親不待

　여기에서 우리가 잘 알고 있는 풍수지탄(風樹之嘆)이라는 말이 나왔습니다. 평소 부모에 대한 봉양을 귀찮게 여기다가 부모가 떠나간 뒤에 효도를 다 하지 못했다고 울부짖는 어리석음을 범하는 것이 우리 자식인가 봅니다. 부모는 모진 풍파 속에서도 자식을 보살피기 위해 평생을 헌신하는데, 정작 자식은 그 정성을 당연하게 여기다가 늙어 부모를 귀찮아하고 소홀히 하다가 세상을 등진 뒤에야 부모 심정을 어렴풋이 그리니 참으로 자식은 부모에게 못난 존재인 것만 같습니다.

　효를 중요하게 여겼던 과거 선인들의 삶을 되새기고 오늘날에도 후손에게 효를 잘 가르쳐 삶 속에서 효행을 잘 실천할 수 있는 교육이 필요하다고 생각합니다.

　지금 우리나라는 초고령사회에 진입했습니다. 지금 막 부모가 된 젊은 부부들은 가족의 구성을 소홀히 여기고, 자녀를 낳지 않는 희한한 풍습으로 빠져들고 있습니다. 그들에게는 미래에 자신들을 보살필 자식도 없으니 그들은 쓸쓸한 노년이 될 것을 아는지 모르겠습니다.

지금 중국에서는 일찍이 가족 계획이라는 이름으로 1가구 1인의 자녀만을 인정했는데, 현재 그 자녀들이 자라 소황제라는 이름으로 사회적 문제를 일으키고 있다는 소식을 들었습니다. 이는 소수의 자식을 낳아 그들에게 몰방하려는 어리석음이 만든 사회악이라는 생각입니다.

이제 늙고 병들어 홀로 살다가 고독하게 삶을 마감하는 노령층이 도심을 중심으로 확산하고 있습니다. 부모의 자식을 향한 기름의 정과 자식의 부모를 향한 보살핌의 정마저 사라지는 듯싶어 걱정입니다. 또한 미래 우리 후손들의 삶은 어떻게 흘러갈지 걱정스럽기만 합니다.

* yw001님:
가슴 뭉클합니다. 건강도 잘 챙기기를 바랍니다.

* mi105님:
썬다싱의 말처럼 생전에 어머님의 짐이 축복이었네요~

* 김건님:
끝없는 그리움의 대상 엄마, 짐이, 부담이 아니라, 쉼이고 위로였죠.

나의 느낌이나 고백

자유

새로운 주週간이 시작되면
어머니 집에 언제 가지?
내 계획과 견주며 퍼즐을 맞췄습니다.

어머니가 병원에 계실 때는
하루 중 언제 병원에 들를까?
일정을 따졌습니다.

어떤 때는
미안한 마음조차 없이
한 번쯤 뒤로 미뤄도…….

어머니가 안 계시니,
찾아갈 날을 정하지 않아도
병원을 찾지 않게 되어

분명 생각이 덜어져 편해진 거 같은데
고향을 잃고 애태우는 실향민처럼
때를 놓쳐 서성대는 철새처럼 서성댑니다.

엄마 없는 편안함은
편안함이 아니요
도리어 아픔이고,

짊어져야 할 부담이
가져야 할 의무가
도리어 자유라는 사실을

엄마를 보내고 나서
썰렁함만 남아 있는 방을 보고 나서야
마음 깊이 알았습니다.

*kong1234님:

같은 마음 되어 위로합니다. 힘내세요!!.

*ch630님:

세상 모든 자녀는 다 불효자입니다. 불효자는 울 수밖에요.

사람들은 부모를 잃고 나서 철이 든답니다. 작가님은 효자였을 듯싶습니다.

*이형님:

저희 모친도 6년 전 하늘나라에 가셨답니다. 와상 환자인 모친을 아내가 대소변 받아내면서 지극정성으로 7년 동안 모셨습니다. 이런 효부가 없습니다. 그러다가 아내 품 안에서 돌아가셨습니다. 늘 그립습니다. 귀하는 효자시네요.

나의 느낌이나 고백

착각

오늘은
엄마 집에 들르는 날이라며
아침을 나섰다.
해가 어둠에 밀려나니
생각도 지쳐 피곤했다.
'그냥 내일 가야겠다.'

다시 하루가 밝아
오늘은 꼭 가야겠다.
친구가 오래간만이라며
저녁 식사를 하잔다.
'그래, 엄마 집에는 내일 가야겠다.'

또 새날이 밝았다.
오늘만큼은 분명하다.
아차, 어쩔까나!
오늘은 동호회 모임 있는 날이다.

그렇게
엄마를 찾는 일은
번번이 뒷전으로 밀려났다.

엄마는
돌아가시지도 않고
영원히 나와 함께 있을 줄 알았다.

＊gain님:

　반성하고, 또 반성합니다...

＊kj님:

　어머니에게로 향하는 발걸음을 '미루었던 아픔'에 대한 반성의 글이군요. 글을 읽으면서 저의 선친이 생각났습니다. 전화도 없던 시절, 선친께서는 거의 매일 조부모님께로 향했습니다. 주말이면 고단하고 지쳐 쉴 법도 한데, 아침에 일어나 보면 새벽처럼 조부모님께로 향했습니다. 통행금지가 있던 시절 할아버지께서 아프시다는 소식을 접하고 차도 없는 캄캄한 밤길을 자전거로 달려가시던 모습이 지금도 뇌리에 생생합니다. 그렇게 부모님을 향한 정성을 다하시고도 조부께서 돌아가시자 하염없이 우셨습니다. 저에게는 선친의 효행을 보면서 배우고, 공경하는 계기가 되었습니다. 그런데 제가 선친의 나이가 되어서는 그렇게 하지 못했습니다. 우리 자녀들이 나에게 무엇을 배우고 느꼈을지 두려움이 생깁니다.

　평소 누구보다도 더 열심히 살고 계시는 작가님을 보면서 작가님이 지금 풀어가고 계시는 글들이 작가님에게는 자책일 수 있으나, 어머니 입장에서 보면 '큰 사랑과 효행을 받았다'고 흐뭇해하실 수 있겠다고 생각해 봅니다. 오늘도 좋은 글 읽으며 내 부모님과의 인연을 그리워하는 시간을 가져 봅니다. 감사합니다.

＊a617님:

　핵심을 찌릅니다~. 어머니는 그렇게 늘 밀렸죠~. 흐엉. 왜 그랬을까요~.

＊mo105님:

저는 엄마가 일찍 돌아가셔서 그런지 몰라도 '병든 엄마라도 오래오래 살아만 계신다면 얼마나 좋았을까'라는 생각을 하면서 장수하신 어머님이 부럽게 느껴집니다.

＊kdh님:

2017년 명예퇴직을 한 후 어머니가 계시는 고향집에서 8개월가량 지낸 적이 있었습니다. 재취업이 확정되어 고향집을 떠나던 날, 어머니는 대문 앞에서 저를 배웅했습니다. 어머니와 작별하고 30여 미터 걷다가 길모퉁이에 접어들기 전, 고개를 돌려 고향집을 다시 바라보았습니다.

그런데 어머니가 제 뒷모습을 바라보며 하염없이 눈물을 흘리고 계시는 모습이 눈에 들어왔습니다. 어머니의 그 모습을 영원히 잊지 못할 것 같습니다.

나의 느낌이나 고백

시인詩人과 독자讀者

'믿음 생활은 잘하고 있지?'
"아버지 추도식이 언제냐?"

'아들, 보고 싶구나.'
"김 구워놨어."

'아직 사랑하고 있구나.'
"힘이 없어, 반찬을 조금만 했어."

'내 사랑은 이만큼이야.'
"이제는 갖은양념 넣어, 이렇게 무쳐 먹어."

"늙어 죽어갈 사람
좋은 것 해서 무엇 한다니"

엄마는 은유와 비유의 달인이었는데
독자가 시원찮아 감탄하지 못했다.

훌륭한 시인의 좋은 시를
저질로, 아주, 자주, 추하게 만들기도 했다.

* **파란하늘님:**

엄마의 말 한마디 한마디가 가슴에 와닿네요. 은유와 비유로 가득한 사랑이 참 아름답습니다.

작가님, 정말 감동적인 시 공유해 주셔서 고맙습니다.

어머니 생각이 나는 따뜻한 글이었어요.

* **ksh님:**

사모곡 잘 읽고 느끼며, 어머니 생각에 눈물 찔끔찔끔~.

* **a617143님:**

어머니의 잔소리가 그립습니다~.

* **f00님:**

고맙습니다. 부럽습니다.

* **ikdh3865님:**

하나님은 말씀으로 세상을 창조하셨다고 하는데, 어머님의 말씀을 그대로 옮겨만 적어 놓아도 자식에 대한 깊은 사랑을 느낄 수 있는 훌륭한 시가 되는군요. 잘 읽었습니다.

* **00222님:**

부모님이 베푸시는 사랑의 깊이, 아무리 깊은 물에 비유해도 다 말할 수 없고, 아무리 높은 산에 빗대어도 다 표현할 수 없습니다. 자신에게는 작은 것도 아까워하면서도 자식에게는 다 내어 주시는 그 삶의 양과 깊이를 어찌 헤아릴 수 있을까 싶습니다.

어버이의 자식을 향한 사랑의 깊이를 생전에 조금이라도 헤아릴 수 있었다면, 사후 그리 슬퍼하지 않았을 수도 있을 텐데, 돌아가신 뒤에 그 깊이를 헤아리는 자식의 어리석음. 그래도 그 사랑은 받아 대물림하는 노력이 이어지니 우리 세대가 자녀 세대에게 베푸는 것으로 어버이는 미소 지을 듯싶습니다. 잘 읽고 갑니다. 감사합니다.

나의 느낌이나 고백

백곰효과

이별이란 본래 힘든 일이라
함부로 떠올려서는 안 된다.

이별은 서러운 상처라
함부로 만들어서도 안 될 일이다.

이별은 아픔의 씨앗이거늘
마음 밭에 함부로 뿌려서는 안 될 일이다.

엄마와 이별하고
누가 볼까 봐 몰래 눈을 훔치고
의젓하고 강인한 사람처럼
사람들 앞에서 밝은 얼굴을 했다.

백주白晝에 훌쩍이는 것이 부끄럽기도 해서
울어봤자 소용없다는 것을 알기에
이별이 없었던 것처럼 잊으려 했다.

'백곰 효과'를 별로 믿지 않았는데,
이것이 이렇게
커다란 위력을 발휘하는 것은 처음이다.

돌아서면 사람들이 있어도
나도 모르게 다시 저절로
눈가가 촉촉해진다.

※ **백곰 효과**: 특정한 생각을 하지 말라고 요구하면 오히려 그 특정 생각을 더 하게 된다는
　　　　심리학 용어.

*kjk님:

　그리울 때 그리워하는 건 죄도 아니고, 창피할 일도 아닙니다. 내 부모를 그리워하는 것은 더더욱 부끄럽거나 창피한 일이 아니라고 생각합니다. 일상 자체가 부모와의 그리움으로 가득한데 그냥 그리움을 억누르려 하지 마세요.

　주변이 모두 공감하고 이해해 줄 것이라 믿습니다. 생각하지 않으려 하면 더욱 생각나는 것은 당연지사, 그리울 때 그리워할 수 있어야 합니다.

　시간이란 놈이 참으로 야속한 것은 지나면 지날수록 그렇게 지나치리만큼 강한 그리움도 뜸하게 만듭니다. 그래서 '세월이 약이다.'라는 말이 있는가 싶습니다. 시간이 지나면 그 그리움도 조금은 느슨해지고, 때로는 그 그리움을 미소로 대신하기도 한답니다. 그리울 때 많이 그리워하는 것도 하나의 방법일 듯합니다.

　작가님이 부럽습니다. 이렇게 글로 그리움을 남길 수 있으니……

　먼 훗날 그리움의 글들이 모여지면 값을 따질 수 없는 보배로 그리운 어머니를 미소로 마중할 날이 있지 않을까 싶습니다. 오늘은 작가님을 통해 '백곰효과'를 배웁니다.

*143님:

　백곰효과가 어떤 의미로 사용되는지 이제 배웁니다~.

　바꿀 수 없는 지난날에 대한 후회와 죄스러움은 누구나 안고 있는 우리 모두의 동병상련이라는 생각입니다~.

　그리움도 삶의 일부일 테니까요~.

* mi님:

　어머님과의 이별은 사랑에 바탕을 둔 가슴 저린 아픔의 눈물이 아닐까요.

나의 느낌이나 고백

눈물의 원천

엄마로부터 받은 사랑을
아픈 가슴에 뿌려 약으로 삼아
새살을 기다립니다.

불효가 만들어낸 깊은 설움은
고운 봄을 봐도 흐느낌이 되고
포근한 바람에도 얼음이 됩니다.

다정한 벗의
따스한 말에도
서러움이 분수처럼 울어댑니다.

사랑이 만드는 눈물의 원천은
감정이 닳고, 삶이 다하는 날까지
마르지 않을 것 같습니다.

*kjk00222님:

작가님의 어머니에 대한 그리움의 깊이를 헤아릴 듯합니다. 날이 갈수록 깊어지는 모습에 먼 곳에 있어 글로만 위로를 전하는 안타까운 마음 큽니다. 가까운 곳에 있으면 마음을 다독이고, 곡차 한잔 앞에 두고 함께 하면서 슬픔을 나눌 수 있으련만 수백 km 밖에서 생활하다 보니, 그러지 못해 더욱 미안한 마음 큽니다.

이제 작가님이 어머니를 보내신 지도 반백 일이 훌쩍 넘었습니다. 입춘을 눈앞에 두고 아직 동토의 기운이 서린 추운 날씨에 천붕의 아픔을 맞으셨으니, 더욱더 큰 아픔이 되어 마음에 자리 잡고 있을 듯합니다.

그동안 자연은 새싹을 틔우고 세상은 온갖 꽃으로 물들며 생기를 찾아가고 있습니다. 어쩌면 이러한 생기 도는 꽃밭에서 한세월만 더 보내셨으면 하는 아쉬움도 있을 듯합니다.

먼 하늘 높은 곳, 아픔도 슬픔도 없는 곳, 그곳에서 편히 쉬고 계신다 생각하시고, 오늘 꽃 한 송이 들고 어머님 계신 곳에 찾아가 따뜻한 봄 소식을 전해 보는 것도 좋을 듯합니다. 갈 때는 슬픈 모습 보이지 말고, 어머니께서 잘 키워주신 덕에 행복한 삶을 살고 있노라며 미소를 담아 세상의 봄소식을 전하는 것도 좋을 듯합니다.

작가님의 추모하는 마음의 깊이를 새삼 느끼는 하루입니다.

*mimo님:

어머니에 대한 사랑 표현이 가슴을 찡하게 울립니다.

*pj님:

　엄마, 엄마, 엄마~~

　늘 고맙고, 감사한 이름입니다.

　시를 보니 늦은 후회에 마음이 아파옵니다.~~ㅠ

*gain님:

　작가님의 눈물 그렁그렁한 글을 읽으며 마음 수련에 들어갑니다. 글로나마
위로를 전합니다!

*a617143님:

　시를 보다 보니, 태진아의 노래 <사모곡>이 떠오릅니다.

　시를 보는 제 가슴까지 울려주네요~.

나의 느낌이나 고백

으뜸 바보

중국 춘추시대 '노래자'는
나이 일흔이 넘어서도
부모 앞에서 색동옷 입고
재롱부렸다는 말을 봤습니다.

부모가 즐거워하는 일이라면
철없는 어린아이처럼
민망한 모습으로나마
기쁨을 드렸다고 합니다.

'세상에 이런 바보 푼수가
따로 없구나' 비웃었습니다.
효孝를 가르친다며 별 어설픈 이야기를
다 지어냈다고 생각했습니다.

엄마가 돌아가시고 나니
서운하고 허전하여
못다 한 쑥스러운 재롱이
실천 못했던 유치한 일들이 눈물의 원천입니다.

인제 보니,
노래자의 푼수 짓이 아니라
내가 어리석고, 미련한
바보 중, 으뜸 바보입니다.

※ **노래자(老萊子)**: 춘추시대 말기 초나라의 은자(隱者)로, 평생 자연을 숭상하며 늙은
　　　　　 부모를 모신 효행과 도가 사상에 큰 영향을 끼친 인물로 알려져 있다.

그는 70세에 색동옷을 입고 어린아이처럼 재롱을 부려 부모를 기쁘게 해 드렸다는 '노래
지희(老萊之戲)' 고사의 주인공이다.

*파란하늘님:

아이고, 작가님 말씀 들으니 마음이 짠해지는군요. 노래자의 노력처럼 부모님 웃는 모습 보면 정말 좋겠다는 생각입니다.

효도는 어떤 것인지, 어른들께 기쁨을 드리는 건 정말 소중한 일이라는 걸 이제야 깨닫게 되셨다니, 저도 마음이 짠하네요. 저도 엄마, 아버님 생각하면 늘 마음이 뭉클해지곤 했거든요. 특히 어릴 적, 아버님께서 해주셨던 칭찬 한마디에 온 세상 행복했던 기억이 새록새록 떠오르네요.

*gainkong님:

실천은 잘 안되지만, 마음에 새기고, 반성하며 엄마에게
잘 해드려야겠다고 다짐해 봅니다.

*kjk님:

구순의 부모 눈에는 칠순의 자식도 어려만 보인다고 했는데, 새삼 노래자의 고사를 통해 자식의 도리가 무엇인지 생각해 보는 시간을 가졌습니다.

자신이 늙었다는 것을 어머니께서 느끼지 않게 하려고 선택했던 칠순 노래자의 재롱, 이 이야기는 현대를 살아가는 우리에게 실천해야 할 효행의 가치와 의미를 가르쳐주고 있습니다.

작가님의 고운 심성, 끝까지 효를 실천하고자 했던 모습을 볼 수 있어 마음에 파장이 일어납니다. 작가님이 왜 이렇게 슬퍼하고, 그리워하는지를 이해할 것 같습니다.

나의 느낌이나 고백

6부
아들의 회복

엄마 손을 놓고

엄마 손을 놓고
돌아오는 길에
봄을 만났습니다.

만물이 설레는 시절
나는 다시 겨울을 만난 사람처럼
얼음 같은 차가움을 느꼈습니다.

가슴을 뛰게 하는 봄놀이도,
화사하게 웃는 사람들의 웃음도
해진 마음을 메울 수 없었습니다.

죄의식도 없이 엄마를 가볍게 여겼는데,
엄마 없는 봄은
꽃도, 화려함도, 발랄함도 사치일 뿐입니다.

그동안 여기까지 큰소리치고
험한 세파를 이기고 넘을 수 있었던 것은
엄마로부터 얻은 힘 덕분이었습니다.

엄마에게서 배운 사랑과 용기로
가족과 사람들에게
실천하며 살겠습니다.

*파란하늘님:

　이별의 아픔을 담은 시를 읽으니 마음이 찡하네요. 엄마의 사랑이 얼마나 소중한지 다시 한번 깨닫게 됩니다. 봄날의 따스함 속에서도 엄마의 부재를 느끼는 마음이 절절히 전해져 오네요. 가족에게 베푸는 사랑이야말로 가장 아름다운 실천이라는 교훈을 주시는 것 같아 감사합니다.

　작가님께서 전해 주시는 깊은 감동에 진심으로 감사드립니다.

*gainkong1234님:

　곁에 계실 때 잘하자고 늘 말하면서도 현실은 또 그렇지를 못해요. 반성을 거듭해도 엄마와 따뜻한 대화가 안 됩니다.

　오늘도 반성하며 아침을 맞습니다.

　고맙습니다!

　힘내십시오!!

나의 느낌이나 고백

손수건

자녀들이 힘들어할까 봐
봄꽃이 피기 전
추운 겨울, 끝자락을 잡고
엄마는 기어이 가셨습니다.

자녀들이 불효를 더 할까 봐
염려하셔서
새봄이 오기 전에
서둘러 가셨습니다.

행여 엄마가
다시 봄꽃으로 피어났을까 봐
꽃들을 보지만 마음이 일그러져
바른 모습으로 보기 어렵습니다.

휠체어 미는 사람을 보면
엄마가 생각나
부러움이 일고, 미안함이 일어
나도 몰래 손수건을 찾습니다.

*파란하늘님:

어머니의 마음이 정말 깊고 크시네요. 아드님께서 이렇게 깊이 느끼실 줄 몰랐습니다. 봄이 오기 전 떠나셨다는 말씀에 마음이 아프면서도, 엄마의 사랑이 얼마나 크셨는지 다시 한번 깨닫게 됩니다.

휠체어로 걷는 모습 보실 때마다 아드님의 감정이 드러나는 듯해 가슴이 저리네요. 손수건 하나로 담아낼 수 없는 그 큰 사랑과 슬픔, 정말로 공감됩니다.

언젠가 다시 만나길 바라며, 그날까지 아드님께서 힘내시길 바랍니다.

*a617143님:

이 시를 보고 나니, 문득 어머니의 거침없는 꾸중이 듣고 싶네요~. 이젠 그 매서운 꾸중도 그립습니다~.

*쉼터지킴이님:

어머니에 대한 시가 가슴을 찐하게 울리네요~^^

*jk00222님:

이 봄날 따스함 속에 피어난 꽃을 어머님과 함께 감상하고 싶은 작가님의 마음. 조금만 더 함께했으면 하는 안타까운 심정이 보는 사람에게까지 전해집니다. 세상을 살아가는 자녀들이라면 마음속에 존재하는 어머님의 잔상을 찾으며 눈시울을 붉히게 될 것 같습니다. 시를 보니, 작가님의 여린 모습 속에 부모님에 대한 그리움이 애달픔으로 녹아 가득 담겨 있네요.

어쩌면 어머님이 원하시는 것은 그 사랑을 이제 가슴속 깊은 곳에 담아두고 세상과 소통하며 열심히 살아가라는 의미가 아닐까 합니다.

* 김상돌님:

　어머니의 아련함, 아니 어머니의 평생 모습, 짠함, 그리고 슬픈 모습, 가슴
아리는 생각, 자녀에게는 아픔이겠지요.

나의 느낌이나 고백

습관

엄마 집으로 가다가
문득
길이 잘못된 걸 알았습니다.

엄마는
이제 여기 없는데, 참, 나
길 가장자리에 차를 세웠습니다.

그리움은 습관처럼 엄마 집으로 이끌었지만
허전함만 누룩처럼 불어나
돌아설 수 없었습니다.

눈을 감으니
엄마 따라 시장에 가 튀밥 주워 먹던 일,
꼴 부렸던 일, 엄마를 이겨보려 했던 일….

지우려 하면 할수록 더욱 불어나는 추억을
무거운 짐을 잔뜩 짊어진 짐꾼처럼
힘겹게 겨우 집으로 돌아왔습니다.

| 독자들의 이야기

*파란하늘님:

이런 깊은 감정의 물결 속에서 아드님의 고백이 얼마나 소중한지 진하게 느껴지네요. 아버지로서 아이의 성장 과정에서 겪는 아픔과 그리움이 얼마나 큰 의미를 지니는지 잘 알고 있을 것 같습니다.

엄마의 빈 자리가 빈자리 이상으로 채워지지 않는다는 걸 잘 표현해주셨네요. 허전함 속에서도 추억은 우리를 지탱해주는 힘이 되는 것 같습니다.

이런 순간들이 모여 결국 사랑이란 무엇인지를 더욱 명확하게 보여주는 것 같아 감동적입니다.

*ssj님:

오늘은 비가 추적추적 내리네요. 엄마라는 존재는 죽을 때까지 아쉬움으로 남을 거 같아요. 잊어버린 줄 알았는데 시를 보니 새록새록 기억이….

*hyw31001님:

작가님!

오늘처럼 이렇게 비가 내릴 땐 엄마 생각에….

살아생전 이렇게 해 드렸으면 하고, 못해 드린 것이, 주마등처럼 스쳐 갑니다.

작가님!

항상 건강부터 챙기시기를 바랍니다. 건강을 잃으면 전부를 잃는다고 했습니다. 오늘도 위로와 평안함이 가득한 날 되길 소망합니다.

*a617143님:

누구나 다 겪어온 이야기들이랍니다~. 한동안은 힘드시겠지만 슬픔도 내성이 생긴답니다. 슬픔도 그리움도 삶의 일부처럼 그냥 그렇게 지나갈 겁니다~.

비 오는 오늘 같은 날은 더욱요~♡

*gainkong님:

나의 일상과 접목해 보면 그저 반성하게 되네요.

조금 더 후회하도록 잘해드려야겠습니다.

*kjk00222님:

작가님의 글은 과거 제 모습을 떠올리게 합니다. 저에게도 모친께서 생전에 사셨던 옛집이 있는데, 고향길 나들이 때면 어머니에 대한 그리움이 마음 한구석에 남아 있어 무의식적으로 고향집을 향해 운전하고 있는 저를 발견하곤 했답니다.

지금은 그 집이 남의 보금자리가 되었지만 어머니와 함께했던 향수를 따라가 멈추어 선 곳은 생전에 어머니의 흔적이 가득 담긴 고향집 앞이었답니다. 차를 멈추고 고개 들면 생전 어머니의 모습이 그려졌습니다. 유별나게 황국(黃菊)을 좋아했던 어머니는 가을이면 대문 앞 골목에 국화를 심어 대국으로 피워내고 오가며 미소를 머금고 좋아하셨습니다. 그 모습이 눈에 선합니다. 자나깨나 못난 자식 걱정에 이른 새벽에 일어나 자식을 위한 기도로 하루를 시작했던 어머니의 모습이 무척이나 그립습니다.

작가님의 무의식적인 발걸음. 그 속에 담긴 어머님에 대한 그리움을 충분히 이해할 듯합니다. 오늘 작가님이 세상에 선물한 그리움의 글. 그 안에 담긴 어머니에 대한 되새김. 저에게 큰 선물이 되었습니다. 제게 좋은 선물을 해주셔서 감사합니다.

*김상돌님:

그리움과 아련한 기억을 되새기게 해주셔서 감사합니다.

나의 느낌이나 고백

....

....

....

어젯밤 꿈

내가 울까 봐
엄마는 어젯밤
꿈속으로 찾아와
환한 미소를 지었습니다.

내가 죄책감에 미안해할까 봐
"네 보살핌은 따뜻했어,
사는 날 동안 행복했구나.
내가 변함없이 기도할게.

네가 쓴 시詩를 보고
또 한 번 감동했어."
엄마는 밤새도록 다정하게
토닥토닥 다독여 주셨습니다.

*파란하늘님:

어머니의 따뜻한 꿈속 포옹이 가슴을 더욱 저리게 만드네요.

꿈이 아니라 마치 실제 영원히 간직하고 싶은 순간처럼 느껴졌을 겁니다. 아들의 고백이 담겨 있어 더욱 감동적이었어요.

부모님께서 얼마나 깊은 사랑으로 자식을 바라보시는지 다시 한번 깨닫게 해주는 글이네요. 글쓴이의 마음이 얼마나 컸을지 상상도 안 됩니다. 이런 감동적인 순간들이 모여 삶의 큰 힘이 되는 것 같아요.

*gainkong1234님:

저는 오래전에 아버지와 이별했습니다. 하늘나라 가신 아버지를 꿈에서도 뵌적이 없네요. 그런 일이 있었다니, 그립습니다.

*wjsdbf00님:

꿈속에 오신 엄마, 효성이 지극해서 하늘이 감동하사

돌아오신 어머니.

님의 효심에 떠나신 분 못 가시고 꿈속으로 돌아오셨네요.

오! 아름다운 마음 천년, 만년 빛나리.

나의 느낌이나 고백

_____

_____

_____

더 나은 삶

잊으려 해도
잊히지 않는 것을
억지로 고집하는 것은 고역이다.

영원 속에 영원을 의탁한 마당에
한恨을 쌓고, 눈물 흘리는 것으로
일상을 회복하고, 극복할 수 없다.

잊어야 한다,
사라지지 않을 슬픔일지라도
새 희망의 보따리에 담아야 한다.

엄마가 세상에 없더라도
이제는 더 크고, 더 나은
더 좋은 삶을 꿈꾸어야 한다.

그러면서도 엄마가 보여준 사랑은
의식이 연기처럼 흩어져 사라지는 순간까지
아름다움으로 계속 피어나도록 부채질하리라.

*wjsdbf00님:

부모님께 받은 지극한 사랑을 어찌 잊으리오. 세월이 흘러 치매에 걸린다 해도 숭고한 사랑은 잊히지 않을 것입니다.

부모님께서도 받으신 사랑을 자식에게 베풀어 승화시키셨으니 우리도 받은 사랑을 베풀어 부모님의 사랑을 물려주다 보면 세월 흘러 뼈대 있는 가풍이 되겠지요.

그 뼈대를 이으려고 아들을 선호했는지도 모릅니다. 님의 엄마께서도 아들을 늦게 낳는 바람에 시집살이를 하셨다지요.

*김상돌님:

내리사랑의 의미를 한 번 더 생각하게 하는 아침입니다.

*kjk00222님:

어버이의 자식을 향한 사랑의 깊이를 헤아릴 수 있을까요? 끝없는 하늘로도, 깊은 바다로도 헤아리기 어려울 듯합니다. 어버이와의 이별은 시간이 갈수록 더 짙어지니 아마도 세상을 마치는 날 끝날 듯합니다.

이제 그 사랑을 아래로 자녀에게 베풀어 스스로가 삶을 마감한 뒤에 그 자녀 또한 나의 죽음을 아쉬워하고 그리워하도록 부모에게 받은 은혜를 내리 사랑하는 것이 최선이 아닐까 싶습니다.

훗날 나의 자녀가 오늘의 나처럼 부모를 그리워하도록 깊은 사랑을 실천해 대대로 전수하는 것이 어버이가 남긴 숙제가 아닐까 싶습니다.

내 몸의 구성체 하나하나가 모두 어버이에게서 받은 것이니 감사하며 아름답게 생을 마감하는 날까지 최선의 삶을 살면 그것으로 되었다 싶을 듯합니다.

하늘을 우러러 부끄럽지 않고, 내 밟고 선 땅에 미안하지 않도록 남은 삶 열심히 살면 만족한 삶이 아닐까 싶습니다.

작가님은 충분히 그러한 삶의 주인공이 될 자격이 있다 싶습니다. 이렇게 그리워하며 열심히 살고 계시니^^

나의 느낌이나 고백

효도 孝道

이제, 엄마는
가고 싶다고 갈 수 있는 곳에 있지 않다.
보고 싶다고 볼 수 있는 존재가 아니다.

이제, 이 땅을 넘어 영원한 존재가 되었다.
눈물을 보태고, 기다려서 볼 수 있다면
끝없는 시간을 부여잡고 울면서 기다릴 수 있다.

유한有限의 세계로 무한無限을 품으려는 것은
나무에 올라가 승능을 찾는 것보다 더한 불가능이요,
의식이 없는 사람이나 하는 어리석은 일이다.

한계限界를 가진 시야로
무애無涯를 보려는 것은
지혜가 아니라 어리석음이다.

야속하더라도 잊어야 하고,
잊히지 않아도
가슴에 품고 잊어야 한다.

당연한 일을 두고
서러움에 사로잡히는 일은
오늘을 사는 사람의 일이 아니다.

내가 남아 있는 동안
시공을 넘나드는 공간,
가슴 깊은 곳에 묻어두고

내 사고 체계가 흩어지고 사라져
온전히 없어지는 순간까지
그냥 그리워하는 것으로 위안을 삼아야 한다.

이것이 이 순간
앞으로 미래를 살아가야 할
엄마를 위한 자녀의 효孝일 것이다.

엄마! 이제 울음을 그치렵니다.
거기에서 편안히, 영원한 안식을
영원히 누리시길 기도합니다.

독자들의 이야기

＊워렌버핏 친구님:

  작가님의 깊은 슬픔과 애틋한 사랑이 느껴집니다. 어머니의 영원한 안식을 기원하며, 효의 의미를 되새기게 되었습니다. 감사합니다!

＊kjk님:

  오늘은 오랫동안 슬픔에 잠겨 있는 시간들 속에서 해답을 찾아가는 작가님의 모습을 봅니다. '시간이 약'이라는 말이 있듯이 작가님의 슬픔이 시간 속에서 현명한 길을 찾아가는 듯합니다.

  오랜 사랑이 담긴 이별, 이별이 만들어 낸 그리움, 그 그리움은 과거의 사랑으로 인해 형성된 사랑의 결실이 아닐까 싶습니다.

  나무가 마른 가지에서 꽃을 피우고, 새로운 잎을 내어 신록의 향연을 만들고, 열매를 맺고, 따사로운 햇볕을 거름으로 익어 결실을 만들면 메마른 잎에 아름다운 색의 향연을 끝으로 땅바닥에 나뒹굴다 땅의 일부가 되고, 마른 가지로 엄동설한을 나며 미래의 꽃을 시련으로 준비하듯 우리의 삶도 자연의 나무와 닮아 있으니, 어머니는 눈앞에 보이지 않지만, 작가님의 마음과 몸에 살아 계시다가 다음의 후손에게 행복을 전할 준비를 하고 계실 것입니다.

  그러고 보면 '윤회'라는 말 속에 어머님은 미래를 준비하는 여행을 하고 계시지 않을까 싶습니다. 아름다운 여행이 될 수 있도록 그리움을 아름다움으로 승화해 가시면 좋겠습니다.

＊hyw31001님:

  작가님!

  작가님이 어머님을 그리워하는 마음은 이제 해지도록 문대고 문지르듯이 가슴에 품어야 하겠습니다. 어머니를 잊는다는 것은 잠잘 때나 잠시 잊을 수 있지만, 못 해드렸던 것을 생각하면 하루에 몇 번씩 새록새록 떠오릅니다.

꽃가루가 많이 날립니다. 건강도 잘 챙기기를 바랍니다.

＊wjsdbf00님:

어쩌면 다행일지도 모릅니다. 인제 부모님은 보고 싶을 때 보고, 가고 싶을 때 갈 수 있는 가장 가까운 마음속에 살아계십니다. 힘내시기를 응원합니다.

＊a617143님:

존재만으로도 힘이 되셨던 어머니를 이제 보내드릴 준비를 하셨네요~. 편안히 보내드린 것도 효도일 거라는 생각입니다~.

이제 그리움도 후회도 같이 보내시고, 어머니가 바라시는 그런 삶을 이어가시기를 바랍니다~. 늘~ 응원하겠습니다~^~^.

＊mimo963님:

어머님께서 생전에 자식들을 향한 아름다운 사랑의 마음을 잘 아신 작가님의 모든 기도가 이루어지길 기원합니다.

<table>
<tr><td colspan="2" align="right">**나의 느낌이나 고백**</td></tr>
<tr><td></td><td></td></tr>
<tr><td></td><td></td></tr>
<tr><td></td><td></td></tr>
</table>

아들의 기도

이별은 언제나 슬픔의 원천이거늘
엄마와 이별은 유독
세상을 다 잃은 것 같은 아픔입니다.

엄마가 사는 날 동안
몸 어디가 불편한가,
방바닥 어디가 차가운지

서운한 마음조차 헤아리지 못했던 까닭에
입이 열 개라도 할 말이 없지만
그래도 헤어지고 나니 서럽다는 말밖에 없습니다.

이제, 엄마가 근심, 걱정, 괴로움, 못된 것들
모두 내려놓고 하나님의 위로 받을 것을 생각하며
커다란 슬픔을 소망의 가슴 아래 품습니다.

자녀들 걱정, 손주들 염려
자녀들을 위한 기도
몸을 괴롭혀 온 온갖 질병들 다 내려놓으시고

온전하게 사랑해 주실 하나님 곁에서
못 다 누린 아버지 사랑까지
마음껏 즐기면서 영원히 행복하소서.

1년 52주, 일 년으로 서운하고 아쉬워서 53수 〈사모곡〉으로
엄마를 향한 그리움과 사랑을 가슴에 묻습니다.

불초 소자, 마종필 올림.

＊가나행정사님:

　모친에 대한 사유가 마치 마르지 않는 샘물처럼 끝없이 솟아나는군요. 그만큼 공유했던 시간과 사랑의 숨결이 여전히 살아서 숨 쉬고 있다는 의미이겠지요?

＊mimo963님:

　이 세상을 살면서 착하고 선과 덕을 쌓으면 이생과 천국에서 심은 대로 거두듯이 작가님의 모친도 천국에서 상급이 클 것 같습니다. 위로를 전합니다.

＊wjsdbf00님:

　왼손이 하는 일을 오른손이 모르게 하라고 했는데, 불효자라고 동네방네 방송하고 계시니ㅠㅠㅠ

＊a617143님:

　아드님의 기도를 온몸으로 받으시는 어머님은 넘치는 아들의 효도에 많이 행복해 하겠습니다~. 부럽습니다~^^.

＊kjk00222님:

　오늘 시를 보니, 어머님과 이별을 수용하고, 작별을 전하는 것처럼 보입니다. 그동안 작가님께서 보여 준 사랑의 깊이를 헤아려 봅니다. 이렇게 마음을 표현하더라도 인제 안 울 것이라고 말하지는 마세요. 어쩌면 앞으로 다가올 삶의 희로애락 속에서 더욱 어머님을 그리워하실 수 있습니다. 시간이 지날수록 그 애절한 느낌도 깊어진답니다. 어머니와 이별의 아픔은 먼 훗날 작가님 자신이 자식들과 이별하는 날까지 마음 깊은 곳에서 자리매김할 것입니다.

어쩌면 보다 긴 시간이 흐른 뒤에 더욱 소중하고 깊이 있게 다가올 수도 있습니다. 아니 어쩌면 그 이후에도 작가님의 자손에 의해 보이지 않는 땅속의 뿌리처럼 깊이 이어질 수도 있습니다. 그것이 삶이니까요. 마음 잘 추스르고, 일상으로 편안하게 돌아올 수 있기를 응원합니다.

* pjm님:

작가님의 시(詩)를 보다 보니, 고교 시절 교과에서 배웠던 〈제망매가(祭亡妹歌)〉라는 시가 생각납니다. 읽어보면서 한 조각 위안이라도 얻으면 좋겠습니다.

삶과 죽음의 길이
여기 있음에
그대는 간다는 말도
못 다 이르고 갔는가?

어느 가을 이른 바람에
흩날리는 나뭇잎처럼
같은 나뭇가지에서 나고도
가는 곳을 모르겠구나.

아~
극락에서 만나볼
나는
도(道) 닦으며 기다리겠노라.

※ '제망매가'는 신라 때 승려인 '월명사'가 죽은 누이를 추모하기 위해 지은 향가(鄕歌)다.

나의 느낌이나 고백